トランプ症候群

明日の世界は……

写真＝高瀬一博・矢部竜二
装丁＝矢部竜二
Bowwow

目次

プロローグ　いま、ここにある狂気　井上達夫　005

第一章　アメリカの光と影　017

自信の由来　018
巨大な田舎者国家、アメリカ　031
働く環境の差——日本とアメリカ　039
愛すべきアメリカ人　045
アメリカの魂に触れる　049
9・11　053

第二章　アメリカの衰弱　055
中間層の崩壊とトランプ　056
経済のモラルハザード　061
グローバル化か保護主義か　066
新しい市場経済のかたち　070
戦後日本とアメリカの複雑な関係　074
常識外れのトランプ現象　080
アメリカ政治の衰弱　087
第三章　現実が歪んでいる　SNSとポスト・トゥルース　091
発達障害とは何か　092
病名告知の是非　099
病と事故　103
エイズと同性愛　106

コミュニケーション障害とは病か 109
ネットのストレス――脳に与える不可逆的な損傷 113
「いいね」――肯定・承認の可視化 117
SNSの虚と実 123
ポスト・トゥルース 128
愚者の民主主義 133

第四章 言葉が壊れていく 141

オルタナティヴ・ファクト 142
メディアの自由と護憲派 144
断片化する物語 149
王様は裸だ 155
消される記憶 158
歪められる事実 163

第五章　自由の十字架　169
差別との闘い　170
平等への反動　174
選択的夫婦別姓　176
変わる男女関係　181
「愛され」戦略　187
第六章　いまどきの家族　191
家族って何？　192
なんの象徴か　197
なぜ、女性大統領が生まれない？　200
差別是正の落とし穴　202
エピローグ　つかみかけた「普遍のしっぽ」　香山リカ　211

プロローグ　いま、ここにある狂気

井上達夫

世界が狂い始めている。自由・平等・人権などの価値は、二つの世界大戦の蛮行を反省した国際社会が、「建前」にせよ普遍的理念として承認してきたはずである。しかし、人間の野蛮な欲動を縛るこのような価値のタガが、いま外れつつあるようだ。さらには理性のタガすら外れてきている。これらのタガで政治権力を締め、その暴走を抑止するのが立憲民主主義体制だが、この体制を確立していたはずの先進諸国においても、憎悪と差別感情が公然と表出され、あからさまな嘘が大手を振って歩いている。

この狂気を最もよく（最も酷《ひど》く）象徴するのは、米国におけるトランプ大統領の出現である。「アメリカ・ファースト」のスローガンを振りかざして、彼は「世界は米国の利益のために存在する」という米国至上主義を公然と主張し、実行する。歴代米国大統領が仮に本音では思っていたとしても、建前としては決していいえなかったことだ。

メキシコとの国境に「壁」を建設する、しかも、費用はメキシコに負担させると主張する。米国民の圧倒的多数が移民とその子孫であることを忘れて。カリフォルニアやテキサスを含む南西部諸州は、米墨戦争で米国がメキシコから略奪した土地（当時のメキシコ国土の三分の一）であることを忘れて。さらには冷戦時代の「ベルリンの壁」の非人道性も忘れて。

イスラム教徒はみな潜在的テロリストだと決めつけて、中東諸国からの入国を規制しようとする。ただし、自分がビジネス上の利権をもつ国々だけはちゃっかり除外して。

北朝鮮問題で軍事衝突の発生の危険を世界中が憂慮しているいま、こともあろうに北朝鮮代表も参加する国連の米国大統領演説で、「北朝鮮体制の完全破壊」を公言する。

腹心のスタッフについても、自分の娘とその夫を重用する縁故主義を恥じない。他方、自分を諫《いさ》めようとする、あるいは自分の「ぼろ隠し」への協力を拒否または躊躇する者は、「重臣」であろうが、おかまいなしに次々と首を切る。米国官庁の大統領任用ポストの多くがまだ空席のままだというのに。

トランプ大統領の最大の問題は、彼のこのような狂った言動を批判的にチェックする言説空間を、彼が破壊しようとしていることだ。自己に不都合な事実を新聞やテレビが報道すると、ろくに反証を挙げずに、「フェイク・ニュース」（捏造《ねつぞう》報道）だと切り捨てる。他方で、自己の主張に対して明確な反証をメディアが突きつけると、「オルタナティヴ・ファクト」（代替的事実）という奇妙奇天烈《きてれつ》な概念をスポークスマンに使わせて、自己の主張に開き直る。事実に代替する事実とは、虚偽の別名にすぎない。

新聞・テレビなどの既存メディアにも、もちろん誤報はある。しかし、これらのメディアには事前および事後の報道検証の規律がある。これに対し、かかる規律のないツイッターなどのSNSを駆使して、トランプは「こっちが真実だ」と攻撃をかける。

虚偽が事実を塗り替え、何が事実かを不明にしてしまう知の権力的構築は、ジョージ・オーウェルの小説『一九八四年』などで、「逆ユートピア」（dystopia）の世界として描かれてきた。この逆ユートピアを単なる虚構と見なしてすますことはできない。権力者に不都合な真実を消去しようとする力は、いま、現実に、私たちの生きているこの世界で跋扈《ばっこ》しつつある。

ツイッターの濫用はトランプの個人的・私的発話と、大統領としての公式声明との区別も曖昧化する。その結果、大統領声明に対する政府内での事前の検討とチェックのプロセスが掘り崩されている。また、かかるプロセスを経た公式声明に伴う政治的責任、いわゆるアカウンタビリティ（説明責任あるいは答責性）が曖昧化されている。内政・外交の重要な問題について、彼はツイッターの発言でころころと意見を変えるが、公式声明なら記者会見等で追及される説明責任を、これによって回避している。

要するに、トランプ大統領は「嘘でもなんでも、言い張り続ければ信者はついてくる、信者がついてくれれば俺の勝ち」というゲームをやっているのだ。政治的言説空間をこんなゲームの場に変質させ、公共的な批判的論議の規律を崩壊させようとしている。

世界最強の軍事力と経済力をもつ米国が、このような大統領を指導者にしている現状は戦慄を覚えさせる。しかし、もっと恐るべきことは、トランプが象徴するような狂気が、米国だけでなく、いまや世界中に伝染しつつあることだ。

トランプ政権誕生の背景には二つの要因がある。一つは、グローバルな経済格差拡大と民族紛争・内戦の激化などに起因する移民難民の急増であり、もう一つは、経済的グローバル化による労働コスト低下圧力の高まりで雇用と生活を脅《おびや》かされた国内労働者階級の不満である。これらの要因は、ヨーロッパの先進諸国にも同様に大きな影響を及ぼしており、そこでも排外的ナショナリズムが台頭し、移民差別・反イスラム的偏見が強化されている。この傾向を推進する政治勢力は、民衆煽動のコミュニケーション手段としてトランプ的手法を駆使している。

移民難民の受け入れを厳しく制限してきた日本は、欧米とは条件を異にしているが、中国の経済的・軍事的大国化や北朝鮮問題の緊迫化を背景に、排外的ナショナリズムや民族的差別感情が日本でも高まりつつある。最近の世論調査によると、反中国感情をもつ日本人は九〇パーセント以上である。中国は反日化しているといわれるが、反日感情をもつ中国人の比率は七〇パーセントで、日本人の反中国感情はこれを越えている。

北朝鮮問題で連携しなければならないはずの韓国についても、竹島（独島）問題や慰安婦問題で、反韓感情が高まり、かつての韓流ブームが嘘だったかのように消えた。在特会（在日特権を許さない市民の会）のような組織による在日韓国・朝鮮人に対するバッシンクやヘイトスピーチも横行している。ネット上でのバッシングは、生活保護受給者のような社会経済的弱者へのいじめにまで飛び火している。

「一強多弱」状況の持続により安倍政権は傲慢化し、あからさまな国会軽視の姿勢をとっている。南スーダンに派遣された自衛隊の日報問題や森友・加計問題などでは、証拠文書を隠蔽《いんぺい》するか、「海苔弁」といわれるほど真っ黒に塗りつぶして提出し、事情を知る立場にあるキーパーソンの証人喚問を拒否し、「知らない、記憶にない」で説明責任の回避に終始した。自衛隊日報で報告された「武力衝突」を、「法的意味における戦闘ではない」と言い放った稲田防衛大臣（当時）の発言は、トランプ政権による「オルタナティヴ・ファクト」の主張の日本語版である。共謀罪法制化では立法事実（立法の必要性を示す事実）を十分説明しないだけでなく、参議院法務委員会の審議を打ち切り、その採決を省略して、本会議採決を強行するという荒業《あらわざ》を行った。

そればかりか、野党が安倍政権の一連の横暴に抗議し、森友・加計問題のさらなる糾明のために、憲法の規定により要求した臨時国会の開催を引き延ばし続け、いざ開催するや冒頭で衆議院解散を断行した。これは国会討議の存在理由そのものを否定する解散権の濫用である。選挙で国民の信を問うというなら、その前に臨時国会で野党と堂々と徹底的に議論し、国民に判断の材料を十分提供する義務があったはずである。国会の場での公共的な批判的論議を骨抜きにすることにより、安倍政権は国会を軽視しただけでなく、国民も愚弄したのである。

このような横暴を批判するメディアに対しても、安倍政権は偏向報道非難の攻撃を加えている。特定秘密保護法、放送法などの規制はメディアに大きな萎縮効果を与えていることが、日本の言論・メディアの自由の調査のために国連人権理事会が派遣した特別報告官デイヴィッド・ケイによって、二〇一六年の外国人特派員クラブで発表された彼の予備的所見において既に指摘されていた。安倍首相はトランプ大統領との初会談で、「あなたと私には共通点がある」と前置きした上で、「あなたは『ニューヨーク・タイムズ』に叩かれたが、私も『朝日新聞』に叩かれた。しかし、私が勝った」と述べたところ、トランプが右手親指を突き立てて「俺も勝った！」と答え、自己を批判するメディアに対する勝利をお互い祝い合った。念のためにいえば、この事実をスクープしたのは、安倍首相が嫌う『朝日新聞』ではなく、安倍政権を支持する『産経新聞』である。

「北朝鮮体制完全破壊」を公言したトランプの国連演説の後に安倍首相が国連演説した際、彼は日本の安全保障にとってもきわめて危険なトランプ演説に距離をとるどころか、「対話より圧力」と同調してみせ、対米追従姿勢を世界の前に示した。首相のこの尻軽なトランプ追従振りは、保守派でさえ、真剣に日本の安全保障を考えるなら危惧を覚えるはずである。真剣な保守派が、いま日本にどれほどいるかは知らないが。しかし、さらに危惧しなければならないのは、メディアに対する態度における上述のような彼のトランプ追従振りである。

自己を批判するメディアに対する勝利を誇るというのは、専制国家の指導者がすることであって、民主国家の指導者なら恥じるべき言動である。「赤信号、二人で渡れば怖《こわ》くない」式に、上記のようなエールを日本の首相がトランプ大統領に送って得々としている事実は、排外的ナショナリズムの台頭、国会討議骨抜きなどの事実とともに、トランプが象徴する現代世界の狂気が日本にも浸潤していることを示している。

　このような世界と日本に浸潤する狂気に強い危機感をもっていた私に、旧知の編集者である中川和夫さんから、香山リカさんとの対談企画が持ち込まれた。失礼ながら、香山さんについては、私がもっていた知識は乏しく、精神科医で政治的・社会的問題に積極的に発言している人、被差別少数者の人権を擁護する点では私と同様だが、憲法九条問題では私が批判する護憲派的立場をとっている人、それぐらいのイメージしかなかった。

　しかし、中川さんから、彼女がいまの世界と日本の狂気について、私と同じような危機感をもっていること、拙著『普遍の再生』〔岩波書店、二〇〇三年。のち、岩波人文書セレクション、二〇一四年〕などを読んでくれていて、現在の状況において、普遍的価値理念がいかにして擁護可能なのかという問題に強い関心をもっていることを聞いた。それなら、関心と危機感を共有する問題について議論してみたいと思い、対談を引き受けた。私が対談する気になったもう一つの理由は、彼女が精神科医だということである。問題がまさに「時代の狂気」である以上、精神科医としての彼女がこの狂気をどう捉え、どう分析しているのかを知りたかった。

　対談を終えた後の私の印象をいえば、後者の理由が前提する私の「香山リカ像」は見当違いだった。もちろん、障害者差別などの具体的問題で、精神科医としての彼女の専門的知見から学ぶことは少なくなかった。しかし、彼女がこの対談で見せてくれたのは、時代の狂気から距離をとって、それを「診断」し「治療」しようとする医師的態度というよりむしろ、狂った時代状況の中に自ら関与して狂気と闘う実践家の姿勢であった。どちらかといえば、法哲学者である私の方が、時代の狂気を生む思想の病理を分析し、狂気に駆られる人々だけでなく、狂気と闘う人々も陥る自己欺瞞を摘出する姿勢をとる点で、精神分析家的であったといえるかもしれない。

対談は今年の五月から七月にかけて、私の研究室、彼女のオフィス、学士会館と河岸を変え、三回にわたって行われた。彼女と私の構え、姿勢は違ったが、問題意識は共有していたので、対談は大いに弾んだ。弾み過ぎて、一冊の本にまとめるには濃密すぎる内容になり、二冊に分けて刊行することになった。

一冊目の本書は、トランプが象徴する狂気の淵源をなすアメリカ社会の病理と変容、そしてその背景的要因である経済的グローバル化の歪みの問題などに主たる焦点を置いている。続編の二冊目は、この狂気の日本社会における現れというべき問題状況の検討と、それを踏まえた憲法改正問題の議論が中心になっている。

本書のタイトルは「トランプ症候群」である。「症候群」という言葉が示唆するように、本書では、トランプ大統領の蛮行それ自体よりもむしろ、差別、偏見、憎悪、自己中心性、他者との相互理解・相互討議の媒体たる言語そのものの歪曲《わいきょく》・壊変《かいへん》という、トランプが象徴する時代の狂気が主題であり、この問題を政治と経済だけでなく、諸個人の日常的コミュニケーションのあり方、家族関係、男女関係、性愛という次元にまで立ち入って論じている。この狂気は「いま、そこにある危険」などといってすませられるものではない。私たちが生きているこの世界、この生活空間の中で、すでに現実に瀰漫《びまん》している。「いま、ここにある狂気」といかに立ち向かうのか、この問いが私たちに突きつけられている。本書はこの問いに答えるための異分野協働の試みである。

井上達夫（いのうえ・たつお）

原理的なリベラリズムの立場に立って、憲法問題から政局まで、鋭く切り込む。一九五四年生まれ。専攻、法哲学。東京大学大学院法学政治学研究科教授。『他者への自由――公共性の哲学としてのリベラリズム』『普遍の再生』『現代の貧困――リベラリズムの日本社会論』『世界正義論』『リベラルのことは嫌いでも、リベラリズムは嫌いにならないでください――井上達夫の法哲学入門』『憲法の涙』『自由の秩序――リベラリズムの法哲学講義』ほか。

香山リカ（かやま・りか）

たくましいリベラルとして、右傾化する政治状況から現代社会の病理まで、メスをふるう行動派知識人。一九六〇年生まれ。精神科医。立教大学現代心理学部映像身体学科教授。『若者の法則』『ぷちナショナリズム症候群――若者たちのニッポン主義』『なぜ日本人は劣化したか』『生きてるだけでいいんです。』『〈不安な時代〉の精神病理』『弱者はもう救われないのか』『「悩み」の正体』『リベラルじゃダメですか?』ほか、著書多数。

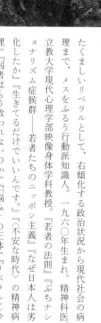

第一章

アメリカの光と影

自信の由来

香山 いまの時代の、この世界の中に、なお普遍的な真理はあるのか。それが私の問題意識です。しかも、現代の普遍を語るにはなんらかの具体的なものが必要でしょう。その候補の一つが日本では憲法と考えられてきました。ところがいま、それが揺らいでいるわけです。その普遍を語るための言語についてどう考えるかも大きな問題としてありますけれども、普遍を考える上ではあと宗教も大切な主題ですね。そのあたりのことをお話していければ、と思います。まず、宗教についていかがですか。

井上 宗教は普遍を標榜はしますね、特に世界宗教は。

香山 イスラム国などは、教義を普遍として行動しているわけですが、科学が行動の規範という意味での普遍であった時代もあったのでしょうか？

井上 いま、まさにそうなっているのではないですか？ 科学的世界像が宗教に代わって支配的になったのは一九世紀からですけれど、それがますます深化してきている。

香山　そうした一連のものの一つとして、アメリカも世界のある種の普遍のモデルとしてありえた、あるいは実際にも機能しているのではないか。アメリカ自身が、自分たちこそ世界の普遍としての役割を果たさなければならないと思い、かつ振る舞ってきたというところも、たしかにありますね。

井上　ただ、アメリカの覇権は、比較的最近の話であって、それ以前はパクス・ブリタニカでした。アメリカは基本的に、モンロー・ドクトリンをとってきたわけです。モンロー主義というのはアメリカ国内のことだけに集中して他国に干渉しないわけではなくて、新大陸は、俺たちの箱庭だと、そしてヨーロッパ旧大陸のいざこざには巻きこまないでくれ、と。それがしばらく続いてきた。

ですから中南米は自分たちの占領地のような感じで、好き勝手に振る舞っているわけですから、そんなに謙虚な一国主義ではないのですが、それでもグローバリズムという意味での普遍主義ではない。旧大陸から一線を画して、俺たちは俺たちのやり方で、自分たちの影響圏ではやる、というわけです。それが変わるのは、第二次世界大戦後のことです。そこで、パクス・ブリタニカが崩壊するわけですから。ヨーロッパは大陸諸国もイギリスも相当戦火で荒廃しますけれど、唯一アメリカだけは、本土が戦場にならず、攻撃も受けず、軍事力の基盤となる膨大な経済力を蓄積できた。

アメリカの覇権が始まるのは、一九四五年からとすれば、まだたかだか七〇年余りしかたっていない。ただ、思想とか理念の点では、独立革命を経て、アメリカ憲法を定めた時点で、天賦人権という普遍的理念にコミットするという標榜はしてきている。しかし、現実政治のアクターとして、俺たちのモデルを世界に押しつけるという行動をとるようになったのはもっと後ですね。

香山　押しつけることになった引き金は、軍事力でしょうか？　それとも経済力？

井上　その両方プラス・アルファですね。軍事力と経済力、基本的にこれらはハード・パワーといわれます。第二次世界大戦後、米国のハード・パワーは他を圧倒していましたから。しかし、それがだんだんと、相対的に低下してきた。日本でも有名なジョゼフ・ナイ（国際政治学者。一九三七— 年）、彼はカーター政権で国務副次官を、クリントン政権で国防次官補をやった学者ですけれども、その彼が一九八〇年代にソフト・パワーを言いだして、*Bound to Lead* という本を出します（*Bound to Lead: the Changing Nature of American Power*, Basic Books, 1990）。日本では、『不滅の大国アメリカ』と訳されましたが（久保伸太郎訳、読売新聞社、一九九〇年）。「覇権」という言葉は本来、ヘゲモンというギリシア語からきていて、これはリーダー、指導者という意味なのです。力任せに強制するとか、圧迫するという意味ではなくて、精神的権威によって主導していくという含意。ですから *Bound to Lead* とはまさにその意味での、指導者的な地位のあり方を指していたわけです。

香山 いわゆる、イギリス政府の君臨すれども統治せずといったイメージでしょうか。

井上 もう少し実質的な権力なのですが、それは経済力・軍事力というハード・パワーではなく、規範的世界を主導できるような規範的権威です。「意味の世界」を自分たちで決定してあげるという権威ですね。何がいま一番重要な問題で、その優先順位はどうであって、それに対する解決策は何かということを、みんなにガイドできるような、そういう力がソフト・パワーだとナイはいったわけです。一九九〇年に出た *Bound to Lead* では、アメリカの軍事力・経済力は相対的に低下してきたけれども、ソフト・パワーは依然として健在だから、その意味でのアメリカの覇権はまだ揺るがないといったわけです。

香山 それはヘゲモニーを取りたいということ？　そこに自分たちの使命がある、と……。

井上 'Bound to' ですから、まさにそれが俺たちの使命だからだといっている。

香山 使命感ですね。

井上 使命感のはずだったのですが、その同じナイが警鐘を鳴らすようになってきた。ブッシュ・ジュニアの一方主義的な軍事介入が米国に対する国際社会の信頼を掘り崩している、と。特に、二〇〇三年に始まったイラク戦争で、アフガン戦争のときにはアメリカを支持したドイツやフランスも含めてそっぽを向かれてしまって、イギリスだけがついていくという事態が起きた。そして、その挙句の果てに泥沼化した。そうすると、アメリカに対する信用が決定的に失われていく。アメリカの信用失墜が非常に激しくなったということで、ナイが二〇〇四年に出した『ソフト・パワー』というタイトルの本の中では、まさにいま、アメリカの覇権を支えてきたソフト・パワーが危ないといっている。私も、彼の見解の変化に二〇一二年に出した『世界正義論』（筑摩書房）の中で言及しましたけれど、この一連の一方主義的行動の結果として、このままだとアメリカはヘゲモンの地位から墜落するぞと、ナイは警告している。最初は楽観

論で書いたソフト・パワー論だったのが、今度は一転、ものすごい危機感をもって書かれている。それでも、ナイのような人にとって、アメリカの世界における覇権的地位を支える基盤は、軍事力や経済力以上に、そうした精神的・思想的な指導力だという確信があるわけです。

しかし異なる見方をする論者として、チャルマーズ・ジョンソン〔国際政治学者。一九三一―二〇一〇年〕という人がいます。彼はかつてのジャパン・バッシングをリードした一人だった。経済大国となった日本がアメリカに集中豪雨的な輸出をしたことがけしからんといって、「日本異質論」を主張し、アメリカ側からの日本叩きを主導した何人かの知識人のうちの一人だった人物です。そのチャルマーズ・ジョンソンが――もともとの彼の思想的背景は、よくわからないところがあって、CIAなどにも関与したことがあるのですが――、その人が、あるとき

から、アメリカ批判を始めるわけです。

それはなぜか。冷戦が終結したあと、「平和の配当」があると思いきや、かえって世界各地に管理不可能な戦争が頻繁に起こっている。それに対してアメリカがしょっちゅう介入していく。そのことに対する端的な危機感があるのですが、この問題を考えるうちに彼はアメリカの世界的な影響力を支えているのは、ソフト・パワーなどではなく、圧倒的な軍事力だと主張するようになってきた。世界中にアメリカの基地がある。特に日本は米国の最大の海外軍事拠点だけれど、ヨーロッパ各国にも米軍基地がある。この軍事的プレゼンスがアメリカの覇権を支えているのだという、ナイとは逆の見方を提示しているのです。

私はいま、チャルマーズ・ジョンソン的な見方がかなり説得力をもってきているなと感じます。いまの実態を見ていると……。

香山 そこでは、ヘゲモニーをなんとしてでも明け渡したくない、あるいは使命感に基づいて、とにかく世界をリードするのは自分たちだという信念は手放さないということ、その点は揺るがないわけですね。

井上 信念は揺るぎませんね。しかし、現実は違う。ジョゼフ・ナイはブッシュ政権下で米国のソフト・パワーが危なくなったといったのですが、その後よくなったかといえば、まったくそんな兆候はない。世界の警察官にはならないといったトランプも、また軍事予算を増やして、したたかに軍備強化をやっていますし、ノーベル平和賞をもらったオバマだって、実質的な核軍縮はまったくやっていません。核兵器の配備数は減らしたが、保有数はさほど減らしていない。それどころか、陳腐化した核兵器を新型に置換している。ということは、アメリカの覇権の下半身が実は軍事力にあるということが、いま暴露されてきているのです。トランプのようないい加減な人が出てきて、自分たちの大統領を恥じるというアメリカ人が過半数に達し、世界的に見ても、こんな大統領生み出すアメリカに、もはや精神的指導者の地位があるとは思えないということになってきている。にもかかわらず、アメリカに従わざるをえないと思わせるのは、もう圧倒的な軍事力しかない。

香山　私がネオコンについて初めて知ったのは、恥ずかしながら二〇〇〇年代になってからです。9・11の後に福田和也さんと対談して、ロバート・ケーガン〔歴史家。ネオコンの論客の一人。一九五八— 年〕の *Of Paradise and Power : America and Europe in the New World Order*, knopf, 2003（邦訳『ネオコンの論理——アメリカ新保守主義の世界戦略』山岡洋一訳、光文社、二〇〇三年）の話を聞いたのです。圧倒的な軍事力をもったアメリカ人とヨーロッパ人は火星人と金星人ほど違う、と断定していて仰天しました。ネオコンが登場するのは、いつ頃なのですか？

井上　ネオコンは、共和党ブッシュ政権の一方主義的軍事介入を擁護するイデオローグたちとして注目されるに至りましたが、もともとは民主党系だったのです。実は彼らの経歴は、かなりややこしい。左翼から転向したユダヤ系の知識人が中心で、クリントン政権がイスラエルに不利な中東政策をとったことへの不満などを背景に彼らが民主党政権から袂《たもと》をわかって、共和党に入っていく。そういう人たちがネオコンといわれるのですが、もともとある種の普遍的価値の信奉者たちです。自由とか人権とか、そういうものを担保するためには軍事的介入も辞さずという考え方をする人たちで、こういう傾向は実は民主党か共和党かということとは必ずしも関係なしに存在している。

ジェノサイドなど、大規模人権侵害を抑止する軍事介入、いわゆる人道的介入を支持するリベラルな知識人も多く、彼らはリベラルホーク、つまりリベラルなタカ派と呼ばれます。ネオコンに対してリベラルホークといわれるわけですけれど、いっていることは似たようなことです。価値によって主導しようということ、その価値自体の持っている魅力で主導しようということが無理だから、軍事介入やむなしとなるのです、結局は。

香山　基本的にはやはり価値によって、あるいは精神性によって、自分たちがリードすべきだという共通の考え方があるのだとすれば、少し遡り過ぎかもしれませんが、新大陸を発見して、開拓者魂をもって領土を広げ、先住民を追い払いますが、それらの行動原理は一貫して宗教的なものに基づいてやってきている。そこにあるのは、やはりある種のピューリタニズムに基づくフロンティア・スピリットでしょうか？　なんといえばいいか、個人のレベルでも社会的にも自立してあることが価値で、自分たちが行動の責任を取り、率先して模範たらねばならないという、あの素朴な倫理観に対する確信はいったいなんなのだろうと、これにはすごく興味がある。

井上　プロテスタントが普遍的人権思想という意味での普遍主義だったかどうかは、疑問ですが。

香山　とにかく伝道し布教しなければならないという使命感はまったく疑わず、自分たちの信念や規範に対する批判や反省はほとんどみられず、それこそ客観性のない、自分たちのやっていることはともかく正しいという思い込み……。

井上　ピューリタンには、迫害から逃げたという意識がありますね。ただ、ピューリタンがアメリカにやってきたのは、個人の良心の自由を保証するような社会を作るためだと思っている人も多いでしょうが、実は違う。彼らは自分たちの宗教に基づく政治共同体、一種の政教一致体制を作ろうとしてきたわけで、きわめて不寛容な支配を内部で行った。その典型的な例が魔女狩り。一六九二年、初期入植地のセイラムで魔女裁判〔マサチューセッツ州セイラム村で起きた裁判。多くの無実の人が犠牲になった」をやっていますからね。

一八世紀の半ばぐらいまで、要するに独立一三州ですが、独立革命の直前までの一三州のうちの過半数の七州がエスタブリッシュド・チャーチ、つまり州の公定教会を持っています。これは要するに国教であって、州の公的な宗教です。だから牧師さんには、公務員として給料を払っていた。そういうところですから、普遍主義といえるのかどうかはわからない。言い換えれば、個人の思想・良心の自由とか、信教の自由とか、そうした価値に当初からコミットしていたといえるのかといえば、私はそうは思わない。

ただしアメリカ憲法ができたとき、憲法本文にはそれは書いてないけれど、その後に修正条項（アメンドメント）という形で付された人権宣言の最初の規定、修正一条*で、このエスタブリッシュド・チャーチの廃止と政教分離の原則がうたわれ、思想良心の自由と表現の自由が明確に宣言されることになった。でも、その前はどうだったかといえば、必ずしもそうではなかった。

＊　アメリカ合衆国憲法修正一条

連邦議会は、国教を定めまたは自由な宗教活動を禁止する法律、言論または出版の自由を制限する法律、ならびに国民が平穏に集会する権利および苦痛の救済を求めて政府に請願する権利を制限する法律は、これを制定してはならない。

香山　もちろんアメリカ人といっても多様であって、いまや信仰熱心な人が減っているとか、いろいろいわれていますけど、なにかそこには一貫して流れているメンタリティを感じてしまうのですね。もちろんアメリカ人の精神性について研究しているわけではないのですが……。

さきほども触れましたが、ブッシュ・ジュニアの時代に、ロバート・ケーガンの『ネオコンの論理』を知ったときの衝撃は大きかったです。それはアフガニスタン攻撃の前に書かれたものだったのですが、それを読んで本当にびっくりしてしまった。つまり、われわれはいまの軍事力優位を確保するべきで、もはやヨーロッパの軍事力は相対的に低下していてあてにはできないから、自分たちが世界をコントロールする、それこそ世界の警察官になるしかないのだと、なんのためらいもなく書かれている。「それはもう否定しようのない事実なのである」という調子で書かれていて、こういうことをいう人が、政権中枢のシンクタンクにいるのだと思い知らされました。それまで、知的な人は状況を相対的にとらえ、ためらいながら自己主張するという幻想があったものですから、この自信、この使命感を支えているものっていったいなんなのだろうと……。

井上　軍事力に対する信頼でしょう。自国の軍事的優位に対する自信というよりむしろ、世界秩序形成における軍事力の優位に対する信念。ただしこれには二段階ある。冷戦時代はまさに共産主義陣営と資本主義陣営とがそれぞれ核をもって対立していますから、それはもう軍事力をもって均衡を維持しなければだめだという状況でした。ですから技術力・経済力を含めた総合的な軍事力で米国が相対的に優位にあるからといって、共産圏がすでに支配しているところに介入するということはなかった。'spheres of influence'、つまりそれぞれの影響圏・勢力圏を侵し合わない。ですから逆に、共産圏が共産化の輪を広げていこうとしたところに対しては対抗する。「アジアの赤化」を抑止しようとしたベトナム戦争がその一つの例だったわけですけれど、そうでない限りは、事をかまえない。例えばハンガリー動乱〔一九五六年、ハンガリーの市民・民衆が、ソ連の支配に抗して蜂起した事件〕があって、ソ連がハンガリーの自由化を潰したということがあっても、すでに東欧諸国はソ連の衛生国家として、その影響圏内にあったから、それに対してアメリカは抽象的には批判するけれど、軍事的な介入はしない。チェコのプラハの春〔一九六八年、民主化を求めて独自の社会主義路線を宣言した変革運動。ワルシャワ条約機構軍によって鎮圧された〕をソ連がまた戦車で潰した時も同様です。

キューバ危機は別でした。アメリカの勢力圏、箱庭の中にあったキューバでカストロが社会主義革命を成功させ、アメリカがそれを潰す作戦を準備していたのを、フルシチョフが核兵器を持ち込んでキューバを守ろうとしたから、核戦争の一歩手前までいった。キューバ危機が沈静化した後は元通り。チリで史上初めて民主的選挙により社会主義政権（アジェンデ政権）が誕生したのを、ピノチェトがアメリカの支援により、軍事クーデターで倒した時、ソ連は軍事介入しなかった。またレーガン政権が、カリブ海の小さな島国グレナダの社会主義革命を、アメリカのハイスクールの生徒を救うという名目で軍隊を送って潰した時もソ連は介入しない。

こうした、二大陣営がそれぞれの勢力圏を認め合うならば、お互いに介入し合わないという意味でのデタント（緊張緩和）、これはある程度あったのです。ただ冷戦が終わった後、ソ連側が、共産圏の側が崩壊しましたから。ワルシャワ条約機構が崩壊して、旧東欧圏もどんどんEUに入る、またそれだけではなく、NATOにも加盟するということになると、アメリカの軍事的優位が一方的になってしまいます。そうすると、現在のように米国による介入戦争がどんどん広がっていく。

巨大な田舎者国家、アメリカ

香山　私は精神科医ですから、すぐに個人をモデルとして社会を理解しようとしてしまう。そこでよく考えることなのですが、個人の病理を社会や国家を語る際にどれくらい適用していいのか、どの程度に個人のアナロジーで語っていいのかということは、自分でもわからないところがあるのです。

　でもともかく単純化してしまうと、アメリカの振る舞い方ってすごく大きな車をもっている男が威張っているというように見えてしまう。その軍事力があるから、揺るぎない自信や自己肯定感があるのか、それとも自己肯定感や自信を手放したくないから、軍事力もなかなか手放せないのかということもよく考えたりします。個人がでかい車やナイフをもっていると、自分に自信がつく、精神的な自信がもてるということと、それと軍備を手放せないということとは、すごく緊密に結びついているのかなと思ってしまうのです。さらにその奥にあるのは、そうでもしないと男性性を否定されてしまう、という「去勢不安」です。

井上　政治権力に接近したインテリとか戦略家の中にはそういう人たちもいるかもしれないけれど、アメリカの庶民の意識は、このこと他国にでかけていくこと、正しい価値を教えるために軍事的に侵攻していくということに対しては、懐疑的です。

香山　そうですか。

井上　その点を述べる前に、一ついっておきますと、アメリカというのは、巨大な田舎者の国家なのです。インテリや教養人といわれる層は、ひと握りです。『ニューヨーク・タイムズ』にしても、かつては三〇〇万部といわれていましたが、いまは一〇〇万ぐらい。『ワシントン・ポスト』は六六万部。そういうクウォリティ・ペーパーを読むのは、ほんのひと握りで、ほとんどは自分たちの小さなタウンシップのペーパーしか読まないし、それすら読まない人もいる。そうすると、国際面のことは何も知らないわけです。

香山　いますごく読まれている『ヒルビリー・エレジー――アメリカの繁栄から取り残された白人たち』（J・D・ヴァンス著、関根光宏・山田文訳、光文社、二〇一七年）という本を読んでも、ケンタッキー州から出ることなく、一生を終わるといった人たちが大勢いる。

井上　彼らは、自分たちが攻撃されたらもちろん反撃するというメンタリティでしょうけれど、わざわざ出かけていって世界の警察官などにならないということは当たり前だといったところがあるのです。彼らの関心は、基本的に税金、なんぼ払うんやということです。共和党は、実は思想的には二つの勢力の融合体です。一つは、社会的保守主義。ファミリー・ヴァリューだとか、キリスト教原理主義に傾く勢力。もう一つは経済的な保守主義、小さい政府論。これは政府の介入を最小化して、マーケットに任せるという考え方で、いまはリバタリアニズムと呼ばれる立場です。民主党リベラルの福祉国家論を批判する。この人たちはとにかく軍事予算も含めて、大きい政府には反対なのです。

ミルトン・フリードマン〔経済学者。一九一二―二〇〇六年〕は共和党のリバタリアン的勢力の代表的知識人です。彼がベトナム戦争のときに、民主党リベラルの知識人と論争したことがある。それを聞いていた学生たちのほとんどがリベラルだから、ミルトン・フリードマンの小さい政府論にブーイングを送っていたのだけれど、唯一フリードマンが支持された論点があった。それはベトナム戦争についての彼の発言です。あれはデモクラットが、民主党が始めた戦争で、これをフリードマンが厳しく批判したら、みんな拍手したというのです。

ブッシュ政権の一方主義的軍事介入を見ると、共和党が「世界の警察官」の役割に批判的・消極的だったというのは意外に思えるかもしれませんが、以前の共和党的保守はそうだった。ブッシュ政権下での転換を推した人々がネオコン（新保守主義者）と呼ばれるのは、かつての共和党的保守は違っていたことを意味します。この古い保守の心性はアメリカの庶民に浸透している。このこととの最近の例証として一つ挙げますと、これはアメリカの病であると同時に、アメリカ人の一般の庶民は、軍事的な干渉主義にそんなにコミットしていたわけではないことの例証なのですが、一九九〇年のイラク・クウェート戦争の真相です。その前のイラン・イラク戦争では、アメリカはフセインのイラクを支援した。中立を守るといっておきながら陰でフセインのイラクを支援したのです。それなのになぜ、イラク・クウェート戦争で米国は同じフセインの支配するイラクを叩いたか。その根本的な理由は、イランは反米ホメイニ政権だったが、クウェートは親米政権だったからだということを拙著『世界正義論』で私は指摘しています。しかし、さらに突っ込んだ事情を伊勢崎賢治さんが『新国防論――九条もアメリカも日本を守れない』（毎日新聞出版、二〇一五年）で書いています。

クウェートへのイラク侵攻のときは、イラクが一方的に攻めたといわれているのですが、実は油田の問題があった。イラクとクウェートの地下で繋がっている油田です。産油国の間で、石油価格が暴落しているから、供給制限をしようということをＯＰＥＣ（石油輸出国機構）でやっているにもかかわらず、それをクウェートが守らなかった。クウェートがどんどん増産すると、イラクの油田と地下で繋がっているわけですから、イラク側の石油も取られることになる。それでイラクが攻撃したのです。イラクにも五分の理があった。

伊勢崎さんの話は、ここからが本筋なのですが、そのときアメリカ国民は、すぐにこの「イラクを罰しろ」を支持したかといえば、世論調査で八割が反対だったのです。その世論を変えたきっかけは、ナイラという女の子の証言です。この子はクウェート人の一五歳の少女。その子がクウェートの病院で、ボランティアとして働いていたとき、イラク兵が入ってきて、保育器から赤ちゃんを引きずり出して、床に投げ捨て、保育器を奪って去った、と。ナイラは、そういう証言をアメリカ議会でもした。時の大統領がブッシュ・パパ。ブッシュがフセインを「ベイビー・キラーだ」といった途端に、世論が一気に主戦論に流れたのです。

後でわかったのですが、これはナイラの嘘だった。ナイラは駐米クウェート大使の娘で、その病院のことすら知らなかった。これは、駐米クウェート大使館が「自由クウェートのための市民運動」というNGOを立ち上げ、その官製NGOがアメリカの宣伝会社と契約してやったでっちあげでした。後でそれがわかったにもかかわらず……。

香山 フェイク・ニュースだったのですね、いまでいう。

井上 ちょっと話が飛びますけれど、今回〔二〇一七年四月六日〕の、シリア爆撃。私はあれもびっくりした。なぜかというと、ネオコン的な影を引いていたのはスティーブン・バノン〔元合衆国首席戦略官、大統領上級顧問。一九五三― 年〕だったけれど、バノンがNSC〔国家安全保障会議）から外されたでしょ。ジェイムズ・マティス〔国防長官。一九五〇― 年〕は軍人で落ち着いているから、不合理なリスクは侵さない。それで、私はホッとしました。

香山　「狂犬」と呼ばれている人ですね。トランプもツイッターで全幅の信頼を寄せていました。

井上　そう。本当はまともな軍人なのですが。これで安心かなと思っていたら、いきなりシリア爆撃。後でわかったのは、実はバノンはいまは国内政策優先だとして爆撃には反対していた。爆撃を強硬に主張したのはイヴァンカだったということ。

香山　トランプの娘ですね。この娘とその夫のジャレッド・クシュナーが政権中枢に入り込んでいる、というファミリー・ビジネス的な運営もトランプ政権の大きな問題です。

井上　イヴァンカ・トランプは、自分にも子どもがいて、可愛い子どもたちがあの化学兵器でやられているということで、感情的に動いたわけですね。

香山　でも世の中の歴史では、そうした一枚の絵とか、一人の証言などでもう本当に変わってしまうことってありますね。ヨーロッパでもありましたね、中東からの難民の子どもが溺れて浜に流れ着いた写真が衝撃を与えた。

井上 アメリカに特有のことかどうかはわからないけれど、さきほどの質問にもう一度きちんと戻って答えると、アメリカ人が常に好戦衝動に満ち満ちているかというと、実はそうではない。本音では、あまりそういうことにかかわりたくない。むしろ自分のビジネスに専心したいと思っているけれども、いったんそういう宣伝がなされると、それに対してはすごく乗りやすい。それに批判的距離をおいて考えてみるということはない。それは結局、巨大な田舎者国家というか、そういう人たちが多いからではないかと思う。

香山 その種の人たちは、世界に介入するという意味をきちんと把握して、「いや、そんなことをする必要がない」と懐疑的になるまでもなく、とりあえずは関心があまりない。けれども、なんらかのことでいったん火がついてしまうと、すぐにみんなが一致する。

井上 そう。これは昔からあったことですけれど、いったん戦争が始まったら大統領を批判しない、一任する。これはアメリカだけではありませんが。批判している人たちも挙国一致体制にのみこまれてゆく。

働く環境の差――日本とアメリカ

香山　ただ、どうだろう。よくはわからないのですが、アメリカ人はいわゆる田舎者といわれたけど、たとえ田舎者であっても、こっちから見ると素朴な自己肯定感とか、自信みたいなものがあるように見える。そんなにたくさんアメリカ人を知っているわけではないのですけど、そう見えるではないですか。これは文化とか、それこそ言語の違いかもしれないけど、へりくだるとか、謙遜するといった文化がないと思える。いまそれこそ世界の距離がいろんな意味で縮まって、文化も気質のようなものも接近していますね。そんな中でも、そう見えてしまう。

三〇年前に、私が精神科の研修医として勤めた大学病院で、「精神科医も半年間、脳外科に行って修行してこい」といわれたのです。手術本位の脳外科は精神科とはまったく対極の世界なのですが、そこへ行かされた。そのとき、脳外科はもうアメリカ化されていました。私が研修医になった国立大学の医局もそうでした。精神科は医学の中でもアメリカ化が最も遅れていて……、

井上 アメリカではなくて、ドイツ。

香山 ドイツが主流で、一部が、クレランボーといったフランス系統の精神医学に行ったのです。でも私が行った国立大学は、医局はもうヤスパース、シュナイダーといったドイツの精神病理学が基本だったのです。そして、脳外科に行ったらもう完全にアメリカ化されていて、カルテも英語のタームで書いたりしている。

ちょうど私が研修していたときに、大きな学会が主催されていてアメリカの教授がきて講演をするというわけで、私たちも手伝わされて立ち会ったのです。そこで、すごく驚いたのですが、スライドを上映するのです、いまでいうパワーポイントみたいに使って。そこにときどきプライベート写真を挟んでいる。それもびっくりしたことの一つでした。学会でなぜそんなことを、と。それがだいたい、いまでいう「リア充」〔リアルな現実の生活が充実〕的な自慢写真なのですね。「これはヨットでカリブ海を……」とか、「これはスイスの私の別荘で」とか。

三〇年前ですけど、そのとき私は、「この人、いったいなんなの？　馬鹿なのかな。なんでこんなに自慢しているのか」と思ったのですが、それがいまやもう、みんながそれを真似てしまって、日本人も発表するときにはよくやるようになった。そこまでではなくとも、例えば福島からきた人は「これ福島のお酒で、有名な銘酒です」と写真を出したりする、話題が変わるときなどに。それがおしゃれだということになってしまっている。それから家族の自慢、「マイ・ワイフ・イズ・グレイト」なんていったりする(笑)。かつての日本人だったら、「愚妻」「豚児」といっていたのに……。

井上 競争社会ですからね。自己主張しないやつは淘汰されてしまう。同じアングロ・サクソンでも、イギリスの特権的な上流階級では、それが卑しいこととされます。その辺りには、ユーフェミズム(婉曲表現)がいっぱいありますから。競争社会の競争圧力がすごく強いところは、アメリカのようになるという気がする。

香山 それは競争社会だからということなのでしょうか? 日本は強い圧力の競争社会ではなかったから、謙遜を評価する、へりくだり文化のようなものがあったということなのかな。

井上 日本の場合は、競争はあるけれど、競争の質が違うということなのではないでしょうか。つまり、何が問われているのかというと、個人の能力というよりは、例えば会社なら会社全体のパフォーマンスをよくするということではないですか。つまり、チーム・スピリットがどの程度あるかといったことが問われる。

会社社会のことに触れたので、ついでにいっておきたいのですが、いわゆる日本的経営や会社主義について誤解されていることなのですけれど、よく「日本的経営の三種の神器」とかいって終身雇用と年功序列と御用組合が挙げられましたね。でもこの最初の二つは嘘なのです。御用組合はあたっているけれど。長期雇用慣行はありますが、終身雇用はない。なかでも一番の嘘は年功序列です。年功序列だと、努力しようがしまいが、年相応に上がってくるということで、インセンティヴが働かないでしょ。そんなものはないのです、日本にも。本当に年功序列だったとしたら、戦後日本経済の発展はなかった。

だから競争はさせる。競争はさせるけれど、やらせかたが違う。アメリカの場合は、優勝劣敗が早いうちにつく。才能のあるやつは二八、九歳でいきなりヴァイス・プレジデントになる。副社長といっても実質的には日本の部長ぐらいらしいですが、かなり重要な責任あるポストに若くして就く。若いときから経営能力を磨かされるから優秀な経営者になる。しかし、早期選抜戦の敗者は出世するのは難しく、早いうちから階層分化してしまう。それに対して日本には、インクリメンタルな（積み上げ方式の）人事考課があるのです。基幹労働力、いわゆる正社員、中・大企業の男子正社員が基幹労働力ということになりますが、これについても大卒で入った頃は同じとして、四〇代過ぎると年収で四〇〇万、五〇〇万の差がついてくるのです。

香山 同じ会社でも？

井上 そうです。労働経済学の熊沢誠さんが研究しているのですが、日本ではそれがどういうかたちになっているかというと、だいたい平均的に五つか六つぐらいの決定的な人事考課をみんなが経ていく。しかし、それぞれの人事考課ごとに考課者が違うから、ある特定の人が気にいった、気にいらないといったことでは変わらない。少しずつ積み上げていくわけですから、逆に査定の相場もできて、こういうことをやればこうなるということが決まってくる。そうすると、長い間積み上げていくわけですから、最終的に「あ、こいつは出世した。俺たちの中の出世頭だ」といったとしても、これは熊沢さんの言葉でいうと、「いわれなき格差ではなくて、いわれある格差」、「あいつなら仕方ないよな」というふうにみんなが認知できるような仕方で、少しずつ差をつけていくというやり方です。

アメリカの競争社会はそうではなくて、才能のあるやつはチャンスがくれば、いきなりバーンとのぼっていってしまう。敗者復活もなかなか難しいということになる。日本は敗者復活の余地は大きい。ブルーカラーから管理職への「青空の見える昇進」の経路もあったようです。いまは違ってきたかもしれませんが。

香山　でも、出世競争の最終的で決定的な結果が出るのは、日本でも五〇代くらいでということもありますね。官僚たちでは、誰かが次官になったらもうレース終わりという仕切りが入る。銀行でも、同期の誰かが役員か頭取になったら終わりです。その他の人たちは、場合によれば組織を出ていかなければならなかったりする。
そうして外に出た人たちがもう大変なことになっていて、その人たち自身にもそうなる要因はあるのですが、適応できなかったり、うつになったりする。あまり口にできないことなのですが、この手の悩みを抱えて精神科にくる人がそれはもうたくさんいます。その多くが、世間でいうひとかどの会社や省庁だったりするものだから、人間的にも偉そうで、威張ったりして嫌な感じなのです。天下りのように、急にいままでと違う外の世界に入り込んで不適応を起こす。それはある意味、かわいそうには違いないのですが、でも仕事があるだけいいじゃないかとも思う。それでも、それこそ不満たらたらで大変ですね、その人たちは。

井上 企業の場合は系列内の別のところに送られていくということがありますね。

香山 なんとかファイナンスだとか、そういうところに出向させられる。その人たちがまたすごく屈折していて、お会いしても恨みや嫉妬のかたまりだったりという感じなのです（笑）。

井上 日本の官僚の天下りは、それはそれでまた別のテーマになりますね。

香山 アメリカではどうなのかな。これもただ聞いただけの話ですが、優勝劣敗には違いないけど、例えば自ら選択して、私はガツガツやる気はないと、自由になる時間があった方がいいといって、あえて負けを選択する自由もありますね。

愛すべきアメリカ人

井上 ありえますよ、それは。そういう生き方もある。私がハーバードに行ったのは一九八六年八月から二年間ですが、そのとき米国人とその社会について一番勉強できたのは大学でというよりも、家族と住んだベルモントという町での経験からでした。ハーバードのあるケンブリッジ市の隣のタウンシップなのですけれど、典型的な中流階級が住んでいる地域で、ライシャワー大使夫妻が昔住んでいたところでした。そこのルイスロード47番地で、私と妻と二歳になる息子との三人暮らしを始めたわけです。一軒家なのですが、一軒家の一階と二階を別々に所有することは可能なのです。私たちが住んだ一軒家の一階がルイスロード45番地、二階が私たちの住んだ47番地というわけです。

一階は、若い人たちがルームシェアをしていたのですが、名義上の借家人になっていたのが、デッビーという当時三〇代半ばぐらいのユダヤ人の女性写真家だった。そこでは、だいたい常時、彼女も含めて男女三人ぐらいが住んでいました。デッビーが社交好きだということもあって、頻繁にパーティーをやっていました。そこに集まった人たちの中には、すごくキャリア志向の人もいるけれど、そうでない人もいた。

学校の先生ね、初等中等教育の先生は、給料がよくない。でも、名前を思い出せないのだけど、デッビーの友人で教師をやっていて、それに生き甲斐を感じ、歌がすごく好きで、楽しみ方を知っている、そういう人の好い男性がいて、彼女のパーティーによくきていた。他の連中はパーティーのとき食べたり飲んだりだけして、パーティーが終わりに近づくとさっさと帰ってしまう。準備や片づけの手伝いは一切やらないのです。だけど、この人は歌ったり冗談を言い合ったりしながら、よく皿洗いを手伝っていました。本当に気のいい人だったですね。

香山 その人は、エリートに比べて負け組だと見られることはないのですか? きちんと、それはそれとして認められているのですか?

井上 認められていますね。

香山 それは、アメリカについて、割合よく耳に入るいい一面だなと思いますね。

井上 だから時間をとるか、金をとるか(笑)。

香山 そのときは二階で勉強していたのですか?

井上 二階はベッドルームが三つありましたから、私の勉強部屋も確保できた。

個人としてのアメリカ人は私、実は好きなのです。ボランティア・スピリットがあって気さくで。当時まだアメリカでは、日本という社会はあれだけの敗戦を体験し、そこから立ち上がって奇跡の復興をしたというわけで、それなりの敬意をもって見られていた。一方、エコノミック・アニマル的に見る人もいたのですがね。私の場合、妻子を伴って、フルブライトの奨学金をもらい、ハーバードに行っていたから信用してくれていたという面もあったかもしれませんが。

そんな留学経験の中で、びっくりさせられたことがありました。私たちが一番仲良くなった米国人の一人に、ジョーン・ストラスマンという女性がいた。ジョーンというと男性のように聞こえるかもしれませんが、綴りは Joan で女性名です。旦那さんはフレッドと言いました。私たちが三〇そこそこのとき、彼女は五〇そこそこだったのです。フレッドはドイツから子どものときに両親と一緒に亡命してきた人で、父親がユダヤ人の医師、キール大学で法医学をやっていた。「古畑鑑定」で有名な日本の法医学者、古畑種基〔一八九一―一九七五年〕もキール大学に留学していましたが、フレッドに父親の学生時代の古い写真を見せてもらったら、なんと古畑が一緒に写っていた。名前が書かれていたのでわかりました。

彼らはユダヤ人迫害を逃れてきたわけです。フレッドは医学ではなく、心理学の方に進んで、病院でベトナム戦争帰りの麻薬中毒になった退役兵のカウンセラーをやっていた。ジョーンという女性は、アイルランド系アメリカ人とポルトガル系アメリカ人を両親にもち、お酒を飲みながらおしゃべりするのが大好きな、ともかく面白い人だったのです。いろいろな意味でアメリカを象徴する家族だった。

ジョーンとの最初の出会いで、こんなことはやっぱりアメリカ人としか経験できないなと思ったことがありました。ハーバード・スクウェアの地下に、地下鉄とバスが接続する駅があった。公共交通機関がすごく発達しているから、ジョーンは運転免許ももっていない。免許なしで生きていける世界がアメリカにもある。その地下の駅で、そのときハーバード大学哲学科にいた岩田靖夫先生〔古代ギリシア哲学者。一九三二―二〇一五年〕と一緒にバス停に向かって降りて行きながら、「バスがくるから走りましょうか」といったら、後ろの方から「走りましょうか」とぎこちない日本語で、おうむ返しする声が聞こえてきた。パッと振り返ったら彼女だった。いま日本語の勉強を始めているというわけで、話しかけてきたのです。

それで、岩田先生と77ウェイバリーというバスに乗ったら、彼女も同じそのバスだった。「どこまで?」と訊くと、私が住んでいるところのすぐそばだった。もう歩いて行ける距離で、翌日、彼女をわが家に招き、家内を紹介して、こちらのことを話した。たまたま、家内がここでは息子と歌ったり気晴らしをするためにピアノを弾けなくて、といったら、「自分の家にピアノがあるから、昼間いつでも弾きにおいで」というのです。「子どもたちもみんな独立しているし、夫も自分も昼間は家にいないから」と。そして、その次の日に、合鍵を渡してくれた。初対面の、というより偶然に会って、それも一日目の異国の人にですよ。

香山　すごいことですね。京都人の社交のまさに逆ですね。京都の人に「おいでやす」といわれても、鵜呑みにすると「アホか」といわれる。

アメリカの魂に触れる

井上　彼女は極端な例ですけれど、他にも親切な人たちがけっこういました。外国からハーバードに研究にやってくる学者はかなりいますね。そういう人の世話をしたいという人がいて、その中に、ベッツィーという美しい初老の婦人がいました。その人も感じのいい人だった。いろいろな話をしましたが、あるとき食糧問題の話になったことがあったのです。世界にはまだ飢餓状態を生きている人がたくさんいるのに、アメリカでは大量の食べ物が消費されないまま、廃棄されている、とその話をした途端に、それまで優しかった彼女がキッとなってね。たちまち日本批判を始めたのです。具体的に何を批判されたのか忘れたけれど。そんなこと、あんたたちに文句いわれる筋合いはないでしょ、というわけです。米国人は自分たちの国家は自分たちが作ったと思っているせいでしょうが、自分たちの国家に自分を同一化しているのでしょう。アメリカという国家、あるいは社会を批判されると、自分が批判されたみたいに、キッとなるのですね。そのせいでしょうかね、アメリカに対する批判をアメリカ人がするということがきわめて少ない。

香山　ウディ・アレン〔映画監督、俳優、小説家。一九三五―　年〕などは、映画の中でアメリカ社会をきわどく皮肉ったりします。ああいう人は特異ということですか？

井上　特異です。ユダヤ人のニューヨーカーだから。典型的なアメリカ人からみれば、言い方は悪いですが「くず野郎」という感じでみられてしまう。彼もそれを自覚して演じている。

アメリカの建国の地ともいうべきコンコードに行くと、多くの家の玄関に星条旗があります。小さい国旗を二つクロスさせて家の前に置いている。自分たちの国家は、自分たち自身が立憲民主主義や天賦人権論という普遍的な原理に基づいて作った国であり、作った社会なのだと、そういう誇りが強くあるから、強く同一化する。しかし、その結果として個人としてはいい人も自分たちの国や社会が批判された途端に感情的に反発する。

ですから逆に、特定の政治家が、ウォーターゲート事件のようにアメリカのルールに反することをしたとき、政府に対する批判をアメリカ人は熾烈《しれつ》にやります。でもそれは、アメリカという国家、アメリカという社会そのもののルールに反しているからということで批判されるのであって、アメリカという国家、アメリカという社会、アメリカン・ウェイ・オブ・ライフも含めて、これ自体を批判すると強く反発する。

香山 それを良きものだということは、情念的に深く……。

井上 そういうものに対する信念は、きわめて深いところに根差している。そのいい例が、二〇〇一年の9・11後のアフガニスタン侵攻のときのことです。連邦議会で大統領への軍事行動授権決定に反対したのが、黒人女性の下院議員バーバラ・リーだけだった。二〇〇三年のイラク侵攻では知識人たち、例えばマイケル・ウォルツァー〔政治哲学者。プリンストン高等研究所教授。一九三五─年〕はさすがに反対したけれど、アフガニスタン侵攻はウォルツァーも賛成している。米国の知識人の中で、9・11直後に米国政府の行動に対して、批判した人はきわめて少ない。例外はノーム・チョムスキー〔言語学者。言語哲学者。一九二八─年〕ですね。

香山 エドワード・サイード〔文学研究者。パレスチナ系アメリカ人。一九三五─二〇〇三年〕は？

井上　サイードも批判しますが、でも彼はアメリカ人とは見なされていないのではないですか。

香山　エトランジェ（異邦人）なのですね。

井上　批判的知識人はいるのですが、批判的知識人といっても、そのときどきの政治家を批判するとか、ときにあたっての個別の政策を批判する人はいる。そういうレベルの批判はあるけれど、そうではなくて、アメリカという国家、アメリカという社会への批判は許されない……。

香山　良きものであるはずなのに、それを冒している、あるいは汚しているという人を批判するということですね。

井上　その意味では、アメリカは民主主義の強さと危険性の両面を鮮明にもつ社会ですね。自分たちが作った政府だという意味で同一化しているから、アメリカという国や社会に対する批判は、自分自身に対する批判だと受けとってしまう。他方、われわれ日本人は、ある意味で、国家や政府をどこか他者としてみている。

香山　そうですね。

井上　ヨーロッパにも、そういうところがある。

香山　そうだとすると、素朴で単純な人は、トランプが「メイク・アメリカ・グレイト・アゲイン」といったら、即座に肯定し、それに乗っちゃうということかもしれないですね。とてもポジティヴで、否定するのが難しいメッセージですから。その意味で、二〇〇一年の9・11のときに、私は驚いたのですが、あのアメリカの動揺、それこそある個人が攻撃を受け、痛手を負って、ヒステリックに反応してしまう、条件反射的に行動してしまうということの国家版、国家レベルでの現れをみたような気がしたのです。たしかにショックを与えるにたりる大きな被害であったには違いないけど、それでも少し距離をとって、起きたことがなんなのかを検証するとか、難しいことかもしれませんが、なぜ起きたのかという背景と歴史を考えるという態度がもうまったくなくて、とにかくやられたからすぐに……。

井上　アメリカ本土が攻撃されたのは初めてですね。真珠湾攻撃は、本土から離れたハワイの、しかも軍港ですから。アメリカ本土にある、軍事目標ではない、ワールド・トレード・センターがターゲットになったのは、ともかくアメリカ人にとって初めての経験です。自分たちの脆弱性を初めて突きつけられ、自覚させられたから、強烈な不安に襲われたのではないかな。

香山 それを否認したくても否認できないことが起きてしまったわけだけど、ともかくそれを否認するには「攻撃だ」というようにして、あのとき恐るべき速さで軍事行動を展開した。本当にアフガニスタンにタリバンがいるのか、その拠点があるのかどうかもよくわからない。誰が攻撃の主体なのかもわからないときに、とにかくアフガニスタン攻撃を決めて……。

井上 仮にタリバンがアルカイダの組織をかくまっているとしても、アフガニスタンという国家に対して戦争をする理由にはならない。

香山 まったく、そのとおりですね。

井上 できることは、引き渡しを要求することだけだったのです。引き渡させて、できれば国際的な司法手続きで、少なくとも米国内の司法手続きで法的に裁かなければいけない。それが当然だろうと主張した数少ない米国知識人がチョムスキーです。別にアフガニスタンが米国を攻撃したわけではないのですからね。

第二章

アメリカの衰弱

中間層の崩壊とトランプ

井上　マルキシズムを私は別に支持しているわけではないのですが、半ば冗談としてあるところでいったことがある。マルクスがいま生きていたら、ほくそ笑んでこういうだろう、「ほれ、俺のいった通りじゃないか」と。要するに唯物史観ですね。哲学思想、法、正義、政治体制などのイデオロギー的上部構造を経済的下部構造が規定している、と。これを文字通りに、そのままにとるわけではないけれど、現代世界の問題を示す比喩としては使える。要はいま欧米にも広がりつつある排外的ナショナリズムの根本要因は経済問題だということです。

底辺の人たちが社会に不満を持っているのは、いつの時代もそうですよ。でも、これまでは中間階級がリベラルな価値というものをある程度、保持できていたわけですね。中間階級はそれなりの経済的な基盤が保証されているから寛容でありうる余裕があるわけです。ただこの中間階級が崩壊したら本当に危ないのです。これはもう歴史的にも繰り返されてきている。

ドイツがなぜナチズムに走ったかというと、第一次世界大戦で経済基盤を崩壊させられ、しかも普仏戦争以来の恨みをもったフランスがドイツに対する報復主義に駆られ、モルガン銀行が戦勝国に貸し付けた資金を回収しようとしたために、ドイツからもっと金を取れと動いたことで、膨大な賠償金を課し、ルール炭田も取った。こうして経済的に破滅させられたら、それまでドイツのワイマール体制の民主的な部分を支えていたはずの中間層が崩壊してしまった。そうすると強い指導者を求めて、ヒトラーへと雪崩をうってしまう。しかも、ヒトラーはユダヤ人に対してホロコーストをやったけれど、基本的にナチというのはNationalsozialismus〔国家社会主義〕ですから、社会主義的な体質を持っていて、公共事業をさまざまに展開して、雇用創出しているのです。アウトバーン〔ドイツ、オーストリア、スイスにまたがる高速道路〕は、ナチが、ヒトラーがやり始めたことですから。その一方で、スケープゴートとしてユダヤ人殲滅《せんめつ》作戦をやった。

いまアメリカで起こっていることも、それに近い。トランプは没落しつつある中流層の白人労働者たちのために雇用創出するという看板を掲げている。わけがわかりませんが、ケインジアンのような政策を訴えている。雇用を創出して、白人労働者たちに職を与えると言い、しかし他方でスケープゴートとして移民を標的にしている。

香山　ヒトラーは健康政策にも力を入れていましたね。禁煙運動やガン撲滅。ただそれが〝病原・病因の隔離〟から人の排除になっていった。そこは地続きです。トランプの場合、メキシコ国境での壁の建設だとか、イスラム国家からの渡航制限ですから、ある意味でヒトラー以上に最初から排外主義をむき出しにしています。

井上　イスラム系移民を規制しようとしている。同じことはヨーロッパでも、いま……。

香山　フランスのル・ペンだって、ある種の再分配のためと見える政策を国内に、内側に向けては発信していますね。

井上　フランスの若者の失業率は二五パーセントに達している。だからある意味でバーニー・サンダースとトランプの支持層が重なるのと同じように、ル・ペンと左翼が、皮肉にも重なってくる。

香山　そこで問題は、そのようにして内向きになって、世界に手を出さない、力を及ぼさないのならいいのですけど、彼らの政策は排外主義とセットになっていますね。

井上　そういうリーダーが出てくる背景に経済問題がある。ですから私は、ある種の唯物史観ではありませんが、中間層の社会経済的基盤の再確立が重要であると思う。イデオロギー的な偏狭さそれ自体をとりあげて、それをどうこう批判してすますのではなく、分厚い中間層を復活させなければだめなのではないか、それしかないのではないかと思うのです。

香山　まったくその通りですね。

井上　平等とか、寛容といった価値を担えるのは、この人たち中間層なのだから。いまは、歪んだ経済的グローバリゼーションが途上国貧民を苦しめているだけでなく、先進諸国の中間層

の生活も破壊し、上層と下層への両極分解を進行させている。

香山　いま、「……ファースト」といっている人たち、アメリカ・ファーストとか。日本でも在特会（在日特権を許さない市民の会）という酷《ひど》い排外主義の人たちが日本第一党という党を作って、ジャパン・ファーストといっている。例えば、日本第一党の党首を名乗っている桜井誠が、二〇一六年の都知事選にも出馬しました。何回か私も演説を聞きましたが、例えば巣鴨などに行ってこういう。「お年寄りのみなさん。みなさん、生活苦しいでしょ？　苦しいでしょ？　生活保護を受けるかもしれませんよね。でも、その生活保護の基盤が、韓国人や中国人に取られているんですよ」というふうに。「ぼくたちは日本人のことが大事です。日本では生活保護を受けられなくて、おにぎりが食べたいといって、自殺した人がいましたね？　ああいう人生じゃいけません。ぼくたちはそういう人を作りません」というと、「そうかな」と思ってしまう人もおそらくいると思うのです、本当に苦しい人の中には。「みなさんの食い扶持を守ります。だから、そのパイを取る外国人は排除しましょう」とか、「日本人の生活保護受給者の中にも、不正受給をしている人がいるのです。そういう不届き者は排除して、みなさんを守ります」と。

井上　不正受給は件数で二・四パーセント、金額では〇・五パーセントです。それなのに生活保護受給者は多くが不正をしているかのようなレッテルが貼られる。それに乗って、これまでも諸外国よりハードルが高いといわれてきた日本の生活保護支給の手続き的障壁をさらに厳しくしたのは安倍政権です。特定秘密保護法でなんだかんだとやっているときに、どさくさにまぎれてさっと通してしまった。自公政権だから公明党にも責任がある。平和と福祉を看板にしながら、公明党は安保法制で自民党に加担しただけでなく、自民党の貧乏人いじめも真剣に止めようとしていない。

経済のモラルハザード

香山　いま世界を席捲している潮流の中で、アメリカ由来と考えられるのものとして、軍事的支配ともう一つ、経済的なグローバリゼーションがありますね。さきほどいわれた中間層の崩壊も、グローバル化と対になっているように見えます。国境を越えた巨大資本が、地方の中小の、それなりに自立していた経済圏を破壊しているというように。

井上　ただ、市場原理主義がグローバル化しているという捉え方はまったく嘘なのです。

市場を支配するべき規範が守られていない。金持ちが税金を払わない。例えば、パナマ文書に、イギリスのEU残留派だった保守党のキャメロン首相の名前が上がっていました。トランプは四回倒産したといわれていますが、そのせいか、税金をあまり払っていない。偽装倒産かと疑いたくなる。マイクロソフトは一九九〇年代後半かな、収益がすごくあったのに、タックスヘイブンをうまく利用して、法人税を一ドルも払っていない。一番酷いのは、リーマン・ショックの後、公的資金を膨大に投入したにもかかわらず、税金で助けられた金融業界の経営者たちは経営責任を問われていないということです。ところが中間層から底辺の人々に対してだけ、市場的規律だ、自己責任だという論法を使う。上の方は自己責任をとっていないのです、政治力を行使して。ゴールドマン・サックスの元CEO、ヘンリー・ポールソンはブッシュ・ジュニア政権の財務長官を務め、ロビイストだったマーク・パターソンはオバマ政権の財務長官ティモシー・ガイトナーの主任補佐官だったのですから。この連中は、リーマン・ショックとその事後処理にかかわっている。

香山　二〇一六年でしたか、ソフトバンクは一二兆円の有利子負債を抱えているというニュースが流れました。これ、一企業の負債額としてはちょっと考えられない水準ですね。インドネシアやフィンランド、アルゼンチンの国家予算より多い。こうなってしまうと、銀行も潰せないわけですね。

井上　そういうことです。それを恫喝のネタにして好き勝手をやっちゃう。無責任体制です。現在の状況は、資本主義がだめだとか、耐用年数がきたとかいうことではなくて、要するに市場経済の規律がむしろ貫徹してないということだと、私は思っています、ダブル・スタンダード的に機能してしまっていて。規律とそこからくる責任を、中間および下層の方にだけ要求して、上の連中が市場経済の規律から免れているから、モラルハザードが起きるわけです。危ないことをどんどんやってしまう。トリクルダウン〔富める者が富めば、貧しい者にも自然に富が滴り落ちる、という理論〕だって、下にはおよばない。上の方に溜まってしまうだけで。

香山　地方に行ってみるとよくわかりますけど、いわれるところのシャッター通りは、もう悲惨なほどの状態です。かつて自立していた経済圏が破壊され、中間層が崩壊しているという事態を痛いほど感じます。郊外には大きなスーパーマーケットが立ち並び。休日は家族づれがやってきて、そこで一日を過ごします。

井上　いまあるような経済的なグローバル化が害悪をもたらしているのは事実ですが、それは市場経済のルールがグローバル化したからではありません。市場経済の規律が本当に貫徹されていれば、経営破綻したビジネス・エリートたちは、真っ先にその経営責任をとらなければならないはずだけれど、それが問われていないのです。リーマン・ショックで膨大な公的資金を投入したにもかかわらず、彼らは経営責任を問われるどころか巨大な役員報酬をむさぼり続けている、ボーナスまでとって。それに対してはオバマ政権も放置のままで、そのことを聞かされたオバマは、ただ「不愉快だ」とか「残念だ」としかいっていない。それもそのはず、オバマも、ウォール街からお金をもらっているのです。オバマは選挙運動のとき、彼らから資金援助を受けている。

アメリカの選挙運動の資金調達には、可能な二つのやり方があって、その一つは政府から公的な扶助を受ける。ただし、その扶助を受けたら、寄付として集められる額の上限を設定されてしまう。オバマは寄付金の上限を切られることが嫌だったから、公的援助を断った。政権を支えた人たちは、さまざまな市民からの個人的な寄付であったというけれど、巨額の寄付者はウォール・ストリートのビジネス・エリートたちです。だからオバマは、とてもじゃないけど、経営責任の追及はできなかった。

私はそれに比べると、まだレーガン政権の処理の方がましだったと思う。よく似た金融危機があったのです。S&Lスキャンダル、あるいはセイヴィング・アンド・ローン・クライシス（S and L Scandal, Savings and loan crisis）というのですが、S&Lは日本でいうと信用金庫のような組織で、大手の金融機関が、自分たちでは公然とはできないような非常に危険な投機行為を、裏に回ってこれらの小さな金融機関にやらせたのです、その結果、そこが破綻して裏にいた大手金融機関にも火の手が回った。リーマン・ショックの規模に比べるとはるかに小さいのですけれど、やはり公的資金を投入して救済した。その代わり、経営責任は厳しく追及しました。厳しく株主代表訴訟を起こして、裏で操作していた連中の個人財産にまで責任追及が及んだのです。

そのことを私は記憶している。レーガン政権は市場原理主義だけれど、その市場の規律を破綻した経営者にもそれなりに課して責任を追及した。リーマン・ショックではそれよりもはるかに巨大な公的資金が投入された。それなのに彼らは経営責任を追及されないだけではなく、責任者たちに巨額の報酬すら与えている。腹が立ったのは、九九パーセントの庶民と一パーセントの富裕層の格差を批判するデモで、学生たちが、大学は出たけれど就職ができないと座り込んで声を挙げていたときのことです。ノーベル経済学賞をとったスティーグリッツもそのデモに参加したのですけれど、テレビのニュースを見ていたら、学生たちの集会を横目に見ながら素通りしていったウォール・ストリートのビジネス・エリートがインタビューを受けていた。彼がなんといったか。「あいつら甘えてるよ」といったのです。「ふざけるな、甘えてるのはお前らだろ」と、テレビに向かって怒鳴ってしまいましたよ。税金でこれだけ救済してもらいながら、なんの責任もとらない。

グローバル化か保護主義か

井上 私はですから、市場原理主義のグローバル化が諸悪の根源だといわれることには、問題がまるで違うと思っている。グローバル化への反動として保護主義を擁護するのも筋違い。保守を自任する小林よしのりと私は、別の対談本で、天皇制、戦争責任、憲法九条という戦後日本政治の、主として三大問題について論争したのですが（『ザ・議論！――「リベラルvs保守」究極対決』毎日新聞出版、二〇一六年）、その本の枠内では一つ議論できなかったことがある。TPPをはじめとする経済グローバル化の問題。これについても私と彼とは見方が違っている。彼はグローバルな競争圧力から日本の農民を保護するために保護主義を全面支持している。私は途上国に対する先進諸国の責任という観点から問題を考えている。

まず、グローバル化か保護主義かをいう前に、保護主義と開発主義とを分けなければいけない。保護主義は、端的にいえば衰退産業を保護するのに対して、開発主義（developmentalism）はそうではない。幼稚産業保護で、発展のポテンシャルはあるけれど、いまいきなり海外との競争に曝されると潰れてしまう。そういう草創期の産業が競争力を身につけるまでは保護するが、競争力が身についたら自立させる。こういう開発主義は、経済発展の普遍的なモデルなのです。村上泰亮〔一九三一―九三年〕という経済学者が、『反古典の政治経済学』（中央公論社、一九九二年）という二巻本の大著でこのことを指摘しました。これまで、イギリスもその方策をとってきたし、アメリカもやってきた。どこでもやってきたという意味で普遍的モデルなのです。しかし、ある発展レベルを超えた国は、開発主義を卒業しなければならない。先進諸国は自らの市場を途上国に開放して、後者の経済発展を支援する責任がある。ところが先進諸国はいまだに国策で開発主義を続けているのです。

例えば、日本の以前の通産省の産業政策を、ジャパン・バッシングでアメリカは批判していたけれど、ではアメリカはやっていないかというとそんなことはなくて、これをペンタゴンがやっているのです。国防省は、膨大な軍事予算を軍事技術開発に注ぎ込んでいるけれど、これは民間企業の技術革新に転用される。例えば、軍事情報技術革新で出てきたのがインターネットですね。それまでの軍事情報の通信システムはハブ・アンド・スポークで、中枢から各周辺へ指令、情報がいき、周辺からまた中枢に戻ってくる。このハブ・アンド・スポークだと、中枢がやられると終わりです。だから中枢のない分散的な情報ネットワークを作るという軍事的な必要からインターネットは作られた。しかし、いったんそれができたらシリコンバレーなどに民需移転するわけですね。その意味では、日本の産業政策と同じことをやっているわけです。

先進諸国は開発主義をいまだにやっているだけではない。さらに酷いのは、保護主義政策を途上国に対していっそう厳しく適用していることです。先進諸国に対して、途上国は農産物や軽工業品については競争優位を持っている。ところが、先進諸国間の関税障壁よりも、途上国に対する先進諸国の関税障壁が四倍も高いのです。UNCTAD（国連貿易開発会議）の推計がありますが、途上国に対する関税障壁を先進諸国間並みのレベルに下げるだけで、七千億ドルの貿易上の利益が途上国にもたらされるだろうという。ODA（政府開発援助）は一千億ドルですから、これを恩着せがましく途上国に与えること以上に大事なのは、途上国に経済的な自立をもたらすために、途上国に対する不当に高い関税障壁を下げることです。

先進諸国は途上国に市場開放を迫って、その開発主義施策を妨害しながら、自分たちの市場への途上国のアクセスは厳しく制限している。それどころか、もっと酷いのは自国農業を保護するだけではなく、自国の農業産品に輸出競争力をつけさせるための輸出補助金を拠出している。フランスをはじめヨーロッパ諸国や、アメリカだって種々の農産物に対して多額の支出をしている。先進諸国はこんなことをやっているわけだけれど、これって市場原理主義ではないのです。それとは逆の重商主義、国家による貿易と産業の管理です。しかも、グローバルな政治経済システムは先進諸国が連携して作っているから――IMF（国際通貨基金）にしろ何にしろ――、自分たちで作ったグローバルな政治経済制度を途上国に押しつけて、彼らの自立的経済発展機会を奪っているわけです。

先進諸国の中でもさきほどいったように、社会経済的な格差があって、上の方は責任をとらずに、利益だけを追及して、下の方にだけ自己責任をとらせる。先進国と途上国の関係もこれと構造的に近似している。経済的グローバル化の真の問題は、以上のような点にあることを、拙著『世界正義論』で指摘し、批判しました。

こういうことを踏まえるなら、自由市場経済のグローバル化が弊害をもたらしているから、もう一度、保護主義に戻れとか、あるいは規制強化をしろという話ではないと思っている。

新しい市場経済のかたち

香山　市場の拡大が、いわゆるグローバリゼーションとイコールではないですね。

井上　イコールではないし、市場の拡大をうまく利用すれば途上国の発展に資するわけです。先進国における途上国産品の市場開拓を支援するフェアトレードというのもあるし、バングラデシュのグラミン銀行のように、民間の銀行が、貧困から脱出するために自国で起業しようとする人たちに資金を貸しつけるというのもある。日本でも、片岡勝が作った市民バンクというのがあります。彼は市民運動家で、かつて菅直人の盟友だった人物です。菅直人は四回挑戦してやっと国会議員になったのですけれど、落選している頃に片岡は支援していた。この人は慶應義塾大学の経済学部出身で、学生運動が盛んだった世代です。銀行勤めも経験していて、志向はラディカルなのですが、金融関係の知識もある。彼は、これからは社会運動の時代ではない、社会事業の時代だという。彼のいう社会事業とは何かといえば、要するに、これこれの行政サービスが必要だというのが本当なら、それなりの社会的需要がきちんとあるはずで、それは事業としても成り立つはずだということなのです。

香山　社会的起業ですね。それに興味のある学生も多いのですが、失敗したらという恐れがあって、足を踏み出せない。事業として成り立つというポイントが重要です。

井上　そう。例えば、自治体がお年寄りへの弁当の配給をやっていて、それを主婦がボランティアで手伝っていた。その主婦たちは、やがて「これは変だ」と気づく。お年寄りといっても早寝早起きの人もいれば、遅寝型もいるし、食べ物の趣味もまったく違うはずなのに、と。自治体がこれをやると、みんな一律に、同じ時間に、同じものをということになる。主婦たちは、じゃあ自分たちで株式会社を作りましょう、ということになった。お弁当配給会社。しかしそういうものに、民間の銀行はお金を貸してくれない。

香山　そうでしょうね。その規模で、ＩＴでもないとなると、海外の投資家にも関心をもってもらえないでしょうし……。

井上　担保もない。そういうときに市民バンクは無担保で貸し付ける。しかし、事業計画がきちんとしているかどうかをみて貸す。しかも、事業を定期的にチェックする。売れないということは、あなたたちが支援しようとした人たちの需要をしっかり組み込んでいないからだと指摘し、そのビジネスは終息させてもらう。でも、そこで失敗のコストはあまりないわけです。

担保もとっていないのですから。ではそこで、何を要求するのか。事業計画をもう一度練り直して、やり直せというのです。その意味での経営規律を課しているわけです。

私は、市場経済のあり方は実にさまざまであって、社会経済的弱者や途上国の貧民層の救済、あるいは同じ地域の人々に手を差し伸べ、その人たちが自分たちで自助できるように支援するという活動の手段としても市場は使えるし、道具になると思っているのです。さらに社会的起業よりもはるかに大きなインパクトがあるのは、さきほどいった先進国の途上国に対する不公正な関税障壁の是正や、輸出補助金の撤廃です。ですから、いまのように経済的グローバル化に対する反発が、即、市場メカニズムを否定する方向にいくことはすごく危ないと、私は思っている。

香山 まさにいまのように、強者総取りといった制度が完成しているところで、一気にそれを変えることは難しいですね。ですから、あちこちで具体的に、そんな制度に風穴をあけていくような……。

井上 そのためにも、グローバルな協調が必要なのです。

香山 逆にグローバル化しなければ、ということですね。ただ、すでにマイクロソフトなど一部の巨大企業が帝国化している中に、社会的起業家が参入していく余地はあるものでしょうか。

私はやや悲観的です。

井上　タックスヘイブンがある以上は、金持ちは税金逃れもできてしまう。マイクロソフトが、巨額の収益をあげながら一ドルも法人税を払わないなんていうことができてしまう。アマゾン日本は、ある時期まで日本では税金を払っていなかったらしい。

香山　そうですね。日本国内ではみんな、ふるさと納税などでお金を回しあっているのに。昨年〔二〇一六年〕、横浜市は三二億円、世田谷区は三〇億円の税減収ですよ。それだけ、ふるさと納税に回す人が多いのです。それなのにアマゾンの日本法人が、日本にお金を落としていないとは……。

井上　co.jp なのにね、やはりタックスヘイブンをうまく使って。こんなことをやらせないためには、国際的な協調が必要です。いまでは、カリブ海の島国だけではなく、アイルランドがタックスヘイブンになっている。EUにも加盟している、まともなはずの国家がですよ。これはEUが批判しているけれども。これを是正するには国際的な協調で、そういうことをやったものに対して強い制裁を課すとか、企業が現実に収益を上げた国に納税させるよう税制を国際的に統一する措置が必要です。どこで会社を作ったかは関係なしに、その企業がその社会の制度的インフラや経済的インフラを利用しているところに税金を納めさせる。そういうルールを、グローバルな協調で作り上げていく。要するに、グローバル化の歪みの問題にはグローバルに対処するしかない。

戦後日本とアメリカの複雑な関係

香山 でも、アメリカ・ファーストで内向きのトランプ大統領がそんなことをするとは思えないですね。

井上 絶対、やらない。アメリカは、自分たちに有利なルール作りしかしない。ですから、日本はそれを自覚した上で、そんなアメリカと大人の交渉をしなければならないのに、安倍政権はとにかくアメリカに金魚の糞のようにくっついていく。

香山 アメリカは、移民によって始まった国で、西へ西へと展開して、遂には太平洋に乗り出していく。ペリー来航すら、その展開の一コマであったともいわれます。つまり、アジア大陸を睨んだ、アメリカの戦略マップがすでにあって、それに基づく行動ではなかったか、と。とすれば、日本の近代化は常に既にアメリカの世界戦略のうちに置かれていた、ということになりますね。そのことと、フロンティア精神とは果てしない領土拡大のことですから、達したところに人工的にテリトリーを示す線を引いていく。州の境は直線が多い。こんな風景は中東にみられるだけなのではないか。両方とも自然発生的に、自律的なプロセスを通して生まれたものではないことを、これは示しているとすると、その人工性、あるいは虚構性は、アメリカに特有の社会の編成原理をも規定しているのではないかと思われます。さらにはグローバリゼーションを作り上げている行動パターンの基礎にも、それがあるのではないかと思えてきます。

井上　いつもフロンティアを必要とする国なのでしょうね。国内にフロンティアがなくなったら、外に求める。まず米墨戦争（一八四六—四八年）でメキシコから、カリフォルニア、テキサス、ニューメキシコなど南西部八州になる広大な土地を取り上げた。それから米西戦争（一八九八年）で、スペインからカリブ海と太平洋の植民地を取り上げた。フィリピンも取った。その意味では、フロンティアが欲しいのです。それをマルキスト的にいうと、結局資本の力だということになる。資本が無限拡大していくときに、これまでのフロンティアがなくなってしまうと、マーケットを拡大するために新たなフロンティアを求めて資源と市場奪取の戦争を始めざるをえないという話になる。

それは事柄の一面かもしれないけれど、他方でアメリカは自分の箱庭の外の世界の問題にか

かわりたくないという面もあったわけですね、モンロー・ドクトリンというのが。それとの兼ね合いでどうかなと、私は思う。最初から社会陰謀説的に、アメリカの歴史的なプロジェクトとしてそれがあったのだといってしまうのはどうかと思います。事後的に見ると、そういうふうに見えるということはあるかもしれませんけれど。

香山　戦後日本には、ある種の深層心理的なといってもいいような、アメリカに対する特殊な反応があるように思うのです。トランプが、経済優先で日本から基地を引き上げるといった場合にどうするのかというとき、ごく端的に日本はどこが守ってくれるのだという軍事的な不安もあったかもしれないけど、さらにその奥に心理的な不安といったものもあったように思うのです。アメリカに見放されたくないといったような。アメリカが日本の頭越しに中国と仲良くしている、あるいはそちらに顔を向けているのに対して、なにかしら本当に捨てられたかのような、心理的な寂しさのようなものがあった気がする。それぐらい深く、アメリカとの情念的な関係があるのではないでしょうか。戦後に培われた文化的な憧れ、ディズニーランドや、いろいろなハリウッド映画も含めたアメリカ的な戦略というのは、対日本だけのことなのかどうかはわかりませんけど、それこそ日本の津々浦々に、それも心の奥深いところまで入り込んでしまっているのではないかと思うのです。

井上　そういう日本人のメンタリティを、私は「見捨てられ不安」といったことがあります（『リベラルのことは嫌いでも、リベラリズムは嫌いにならないでください――井上達夫の法哲学入門』毎日新聞出版、二〇一五年）、『憲法の涙　リベラルのことは嫌いでも、リベラリズムは嫌いにならないでください２』毎日新聞出版、二〇一六年）。これは境界性人格障害にも見られる不安反応だそうですね。それはともかく、アメリカに日本人が抱く見捨てられ不安は、日米安保がいったいどんなものであるかについての無知、誤解から発しているのです。

日米安保は、片務条約で、アメリカは日本が攻撃されたら守るのに、日本はアメリカが攻撃されても守る必要はない、アメリカの太っ腹な善意で日本は守ってもらい、ただ乗りしているのだと捉えられている。ですから、アメリカにとっては「日米安保な

どはお前たちがいうことを聞かなきゃ、いつでも破棄するぞ」という態度がとれるのだと思われている。その認識が間違っているのです。日米安保から巨大な利益を受けているのは、日本よりもむしろアメリカです。日本はただ乗りどころか巨大な負担を背負わせられている。

だってアメリカは、海外における世界最大の、しかも代替不能な戦略拠点を日本にもっているわけですから。これは日本の防衛のためではない。ベトナム戦争にしても、朝鮮戦争のときもそうだったけれど、日本は技術水準のきわめて高い兵站《へいたん》拠点になるわけです。石油供給でも、海軍用の石油供給タンクのうち貯蔵量第一位のものはアメリカ本土にあるけれど、第二位と第三位は日本にあり、この二つを合わせたら、本土の第一位よりも給油力が大きいそうです。したがって、日本をアメリカは捨てられない。捨てるということは、自分たちはもう世界に対する軍事的な優位を放棄するということになるわけだけれど、そんなことはありえない。自分たちの軍事的な世界戦略の拠点を放棄することは、オバマですらしません。ありえないわけです。しかも、アメリカがこの大事な拠点を保持する経費はほとんど只です。七五パーセントの駐留経費を日本がもっているのですから。

こんな条約に対しては、アメリカがもっと負担しろといってきたら、アメリカは十分にうまい汁を吸っているわけだから、これ以上無茶な要求をするとこちらも見直さざるをえませんよとか、駐留経費の負担カットもちらつかせるなどして交渉するのが、大人の交渉力なのです。

そんな大人の交渉が、歴代自民党政権はできなかった。集団的自衛権行使容認に踏み切った安倍政権以前の自民党政権は、長谷部恭男〔法学者・憲法学者。一九五六―年〕のようないまの修正主義的護憲派と同じで、専守防衛、個別的自衛権の枠内でのみ自衛隊・安保は合憲、九条違反ではないという立場だった。対アメリカでは、大人の交渉ができないために、それを埋め合わせる交渉カードとして、この九条の制約という理屈を使ってきた。アメリカがさらにそれを越える要求をしてきたときに、「憲法九条があるので、できません」といって、かわした。米国も占領期に自分たちが押し付けた憲法だから、これには強く出られない。

それはある意味で「保守の悲しい知恵」だったわけですが、その結果何を犠牲にしたかといえば、アメリカと大人の政治的交渉をする能力を失った。「日米安保で得をしているのはお前たちだろう」ということをはっきりいえばいいのです。そうすれば、向こうはわかっているのですから。日本はもっと防衛負担をしろ、しないとアメリカは日本から撤退するぞ、なんていっていたトランプだけれど、後ではさすがに変わったでしょう。マティス国防長官に教育されて、もう駐留経費の負担増加すらいわなくなった。

日本人がアメリカに対して見捨てられ不安を持っているのは、日米安保の軍事的・戦略的実態に対する知識がなさすぎるところからきている。知識人も含めてそうです。それはなぜかといえば、軍事問題がタブーにされてきたからで、これもやはり九条の問題です。安全保障というと、すぐ憲法解釈の問題になってしまって、軍事的なリアリティを踏まえた実質的な論議ができない、政治家もできない。

常識外れのトランプ現象

香山　でも、アメリカがいま、理想主義の国かといえば、そんなことはない。では、リアルな現実主義の国かといえば、トランプ大統領が登場してからそれですらない。日々、政治の場面で繰り広げられている風景は、フェイク・ニュースしかりですけど、ある種のファンタジーのようになってしまっている。ファンタジーというと、ましなものに思えるかもしれないけど、むしろ漫画みたいなことが起きている。

井上　ジェイムズ・コミーFBI長官の首をいきなり切った。これはもうウォーターゲート事件と同じです。口実としては、ヒラリー・クリントンの調査で起訴に値する事実がないといったことが問題とされているけれど、それは大統領選の結果が出る前のことですから、明らかにロシアの大統領選への介入の問題で、トランプが捜査対象になっていると、FBI長官がいったことが原因です。その途端に首を切っている。これはニクソンが自分の盗聴行動を捜査していた関係者の首を切ったのと同じことです。これは、もうめちゃくちゃです。

この人は、最初にあった子どもっぽいなんていう印象を超えている。アメリカのルールから見て許されないかたちで権力を無茶ぶるいしている。

香山 でも、むちゃくちゃなのは最初からですね。大統領令に次々とサインして、名指しされた七カ国からの入国禁止を打ち出したり、もう本当に……。選挙戦中は、「メキシとの国境に壁を作る」なんて酷いことばかりいっていたけど、まあそれは選挙のためのリップサービスの一種だと、仮に当選したらそんな無茶な酷いことはしないと、ビジネスマン出身だから現実的な人だなどといわれていましたけど、蓋を開けてみたら、もっと酷いといわざるをえないことが起きていますね。その意味で、アメリカについていろいろ語ってきましたけど、これまでのような歴史的文脈への位置づけでは、もはやアメリカというものが語れなくなっていますね。

井上 私は、いま安倍政権批判をしている人たちだけではなくて、安倍政権を支持している国民、その人たちにもアメリカとの関係について本当に考えて欲しいと思う。

香山　本当ですね。彼らが最も〝本当のトランプ〟を否認し、見ないようにしていると思います。

井上　こういうアメリカと付き合うとき、安倍首相のようにただただアメリカへの追従ということだと、日本は危うい。本当に日本という国を守りたいとか、愛国心を持てとか、保守主義的な信条に乗っている人たちこそ、まさにいま、危機感を持たなければだめですと、私は言いたい。

香山　本当に、心の底からそう思います。

井上　先日、安保法制懇のメンバーとして集団的自衛権行使容認を推進した北岡伸一〔政治学者・歴史学者。一九四八―　年〕に、ある学者の出版記念パーティーで会ったので、「米国を信頼して集団的自衛権解禁を唱えた親米派は、トランプのように危うい大統領が出てきたいま、なぜ沈黙しているのか」と訊いたのです。彼は、親米派こそ米国に厳しい目を向けていると答えたけれど、表立った米国批判は聞こえてこない。日本の親米派は、覇権はいつの時代も避けられないと考える。アメリカは、覇権を握る国の中では一番まともな方なのだという。だからアメリカと協調するなら大丈夫だ、と。ところがこんな危なっかしい大統領を生んで、いったいどうなるのだ、と。親米派こそいま、この事態をどうするのかということをもっとはっきりと語らなければならないのではないか、そう言いたいですね。

香山 そう思います。繰り返しになりますけど、日本人にとってのアメリカのイメージは、まるで自分たちを自己暗示にかけているかのように彼らの善意を信じきっている者のそれです。その一つが、アメリカの意思決定は、実は大統領だけが決定しているのではなく、いろいろな人がホワイトハウスにはいて、「その人たちの総意で決まるのだから、そんな酷いことにはならない」という政治過程についてのものです。「暴走しようとすると止める人が必ずいる」と、まるで見てきたように解説して、「だから大丈夫だ」という。これなどは、自分を安心させるための、単純な自己暗示にしか見えない。

井上 一つ、注意しなければならないことなのですが、暴走を止められるかどうかという話と、暴走した後でそれを反省して是正するかどうかという問題とは分けなければならない。これは別問題だということです。アメリカはこれまでも暴走してきました、マッカーシズムにしろ、ベトナム戦争にしろ。暴走してしまった後で、それを反省し、方向修正することはする。しかし、喉元過ぎて熱さを忘れた頃になるとまた愚行に走る。ですから事後的な自浄能力があるとか、自己是正力があるということは、暴走する危険がないという意味ではない。

香山 なるほど。でもいまや暴走も止められないし、事後的な反省や自己批判の能力すらどうなのか、疑わしいということですね。私はアメリカについて、調べたわけでも、細かく知っているわけでもありませんが、トランプ政権のいう「オルタナティヴ・ファクト」（事実に代わる事実、事実に取って代わるべき事実）、事実ではないことをいっておきながら、「この目で見たんだ」という。こんなのは議論の前提を崩してしまう……。

井上 トランプ政権の後、という意味での事後的修正はあるけれど、いまのトランプを誰かが止められるかどうかはわからない。オルタナティヴ・ファクトについては、稲田朋美前防衛大臣も同じですね。南スーダンでの武力衝突は法的な意味における戦闘ではないといった（笑）。

香山 たしかに、それは詭弁ですね。自衛隊の日報に武力衝突と書いてあるのに……。

トランプについては挙げていくときりがないけど、七月一八日（二〇一七年）の演説で、テロの脅威を強調しようとする文脈で、「昨夜、スウェーデンで何が起きたか。スウェーデンでですよ、信じられますか」といった。要は、スウェーデンを見てみろ、こんな酷いことになっていると言いたかったわけですけど、一七日、スウェーデンでは何も起きていなかった。

井上 あれは嘘です。

香山 明らかな事実誤認を、まだ「すいません、間違えました。昔のニュースを見ていました」

ではなく、「いや、起こったんだ」とか、「それはオルタナ・ファクトだ」といって……。

井上 精神医学者からみて、あれなんかどうですか、何か、病名がつくのでは……。

香山 「トランプの診断」について、まずアメリカで何が起きているか、お話したいと思います。アメリカでもトランプ氏が大統領候補になったときから、「彼はどこか変だ」ということで精神科医らに見解をきく動きがあったのですが、アメリカ精神医学会にはゴールドウォーター・ルールという倫理規定があります。一九六四年、民主党のジョンソン大統領と共和党のゴールドウォーター上院議員が大統領選を争ったときに、雑誌が「ゴールドウォーターのメンタル特集」というテーマで、各地の精神科医に大統領として適任かどうかを投票させたのだそうです。もちろん、その影響によってではなく、ゴールドウォーター氏は落選したわけですが、彼は雑誌を名誉毀損で訴え、裁判では勝訴しました。それを機にアメリカ精神医学会は、「診察していない著名人の精神状態を、精神科医が診断するのは控えるべき」という規定を作ったのです。もう五〇年も前のことですね。

トランプ氏が勝ち進み、ついに大統領になり次々に問題を起こすようになって、「黙っていられない」とばかりに何人かの精神科医が口を開き出しました。そこで語られる診断名としては「自己愛性パーソナリティ障害」がいちばん多く、ほかに「反社会性パーソナリティ障害」

や「パラノイア」（妄想性障害）などもあがっています。アメリカ精神医学会はそのつど警告を出していますが、精神科医たちは「私たちには危険を社会に警告する義務もあるのだ」と引かず、シンポジウムを開いたり、本を出したり、デモをしたりしています。私もそれこそトランプ氏個人について多くを知るわけではありませんが、なんらかのパーソナリティ障害、しかもかなり病態水準の悪い状態だと思います。病態水準とは、現実検討能力、自我同一性、心的防衛メカニズムがうまく機能しているかどうかによって判断するものなのですが、いずれもかなり低めで人格としてのまとまりが悪いということですね。

ともかくあの政権が崩壊した後が、本当に怖《こわ》いですね。どういうかたちであれ、四年続くとは思えませんけど……。

井上　弾劾されるのではないかという人たちもいる。共和党の中から、すでに批判が出てきていますね。民主党が盗聴したとトランプが言いふらしているのに対しては、「では、証拠を挙げろ」と共和党上院議員のジョン・マケイン〔一九三六―　年〕がいった。今回のコミーFBI長官の解任に対しては、共和党の中からも批判がある。

香山　いずれにしても混乱状態が生まれますね。大統領弾劾となったら、当面マイク・ペンス副大統領〔一九五九―　年〕が後任となるのですね？

井上　残りの任期の間、副大統領が後任となって、その後、大統領選ですね。

香山　トランプは次期も大統領選に出馬するという意思表示をし、資金集めを始めたそうですね。それも就任の直後に……。あの圧倒的な自信とは何か。「アメリカ人」という属性ではとても語れない。やはり個人の問題というより。病理だと思います。

アメリカ政治の衰弱

井上　アメリカ政治のいまの混乱は、トランプの問題もあるけれど、民主党の問題もあると思う。私は、トランプ現象について、アメリカ政治に詳しい渡辺靖さん〔慶應義塾大学SFC教授、アメリカ研究者。一九六七— 年〕と『週刊読書人』で大統領選の前と後と二回、対談しました。大統領選後のときに、私はこういった。トランプが勝ったのはおぞましいけれど、ヒラリー・クリントンが負けたのは正しかった、と。さきほどもオバマが大統領選のとき、ウォール・ストリートの大企業から献金してもらったと言いましたが、ヒラリーもウォール・ストリートのお友達になっていて、社会経済的な格差の拡大に対しては何もしなかった。むしろ自分たちが取り込まれていたからです。ゴールドマン・サックスでのたった三回の講演で六五万ドルをもらうなどです。だから彼女が負けたことは、正しかった。

ではいま、何をするべきか。私にとって、民主主義は、将来に向けて、この人はよいことをやりそうだから権力を託すというものであるよりは、失政や悪政をやった者の首を切ることができるという点に、より大きな存在理由があると思います。オバマ政権も含めて歴代の民主党政権は、ヒラリーもその中核にいたわけだけれど、社会経済的な問題の解決のためにはほとんど何もできなかった。核軍縮も真剣にやっていない。ですから、彼らが嫌われたことは正しいのです。でもそれは、トランプなら大丈夫だという話ではない。

この間の出来事から汲み取るべきメッセージは何かといえば、民主党支持者はトランプ政権を非難するだけでなく、民主党に対する自己改革の圧力を、まさにいまかけなければいけないということです。後一年半と少し、二年弱で中間選挙があり、二期目の大統領選の準備も始まりますから、もうすでに民主党は次の候補を誰にするのかについて、内部で準備を始めていなければならない。民主党は、これまで社会経済的な格差問題に対して、いい加減に対処してきた。その端的な現れの一つである大学生の就職難をどうするのか。それらに有効な手を打つための自己改革を要求する強力な圧力が、民主党支持者の中から本当は出てこなければならない。

トランプ・タワーを囲んだ民主党支持者のデモ隊が、選挙で負けたはらいせに、「われわれの大統領ではない」（Not our President!）と叫んでいるのをみると、こんな馬鹿なデモはないと思う。お前たちは民主党本部に行け、と。行って、「民主党を変えろ！」（Change Democratic Party!）と本当は叫ぶべきなのです。いま、変わる兆候はあまり見えない。民主党が、例えばサンダース候補はいまどうなってしまったのか？　トランプを二期続けさせるのは論外だし、弾劾の可能性すらあるわけだから、自分たちが次の選挙での政権奪取構想をきちんと用意していなければならないのに、それが見えてこない。まあ、状況は動いていますし、日本では報道されていないだけかもしれませんけれど。

これまでそれなりの自浄能力があるといわれていたアメリカの政治の力が、ある意味で衰弱しているのかもしれない。

第三章

現実が歪んでいる

——SNSとポスト・トゥルース——

発達障害とは何か

香山　発達障害という診断名が臨床の場で使われるようになったのは、私が精神科医になった頃、三〇年ほど前でしょうか。自閉症などが注目されるようになった時期ですが——自閉症という症状と病名はもっと前からありましたが——、明らかに他者とコミュニケーションができない、誰が見ても何かはっきりした機能不全があるというケースとして認知され始めたのです。当時、私が精神科医になった頃は、例えばそれまで「親の育て方が悪い」とか、そういうレベルでいわれていたのが、これはやはりなんらかの生物学的な器質的な問題だろうと、自閉症などについていわれるようになった時代でした。

ちょっと歴史を押さえておきましょう。「自閉症」という言葉を最初に用いたのは、アメリカの精神科医レオ・カナー〔自閉症研究で知られる精神科医。一八九四—一九八一年〕ですね。またしてもアメリカです。いま「発達障害の時代」といわれるほどこの障害が精神医療の中核に躍り出てきていますが、もともとアメリカで発見され、発展した疾患概念だということが興味深いです。カナーが小児精神科での臨床を通し、「聡明な容貌・常同行動・高い記憶力・機械操作の愛好」などを特徴とする一群の幼児がいることに気づき、「早期幼児自閉症」との名前で報告したのは一九四三年でした。当初、カナーは、これは統合失調症の幼児発症例だとも考えていたようですね。

しかしその後、「自閉症は環境によって生じる後天的な問題」という説が有力になった時期もあります。「生まれながらの脳の機能不全」とイギリスのマイケル・ラターが発表したのは一九六〇年代後半になってからですが、それはなかなか広まらず、日本では私が研修医になる八〇年代まで「育て方説」が有力だったわけです。

その頃から、自閉症については、脳のどの辺の発達における問題が、発症にまた個々の症状にかかわっているのかがわかるようになるだろうといわれていました。しかしいま、それから三〇年が経過しても、どこにその問題の核があるのかはよくわからないままです。「こういう遺伝子の問題ではないか」「生育過程で、オキシトシンというホルモンの受容体がないのではないか」とか、いろいろ仮説はありますし、最近では「父親が高齢の子に多い」という説もありますが、いずれも実験室のレベルでわかってきていることだったり、統計的にいわれているだけだったりして、確定したものではまだまったくありません。

当初は自閉症だけだったのが、そのうちに類似の症例にどんどん広がってきて、自閉症は発達障害の一部だということになりました。昔の分類でいえばＡＤＨＤ（注意欠如多動性障害）という多動を伴うような障害、それから学習障害という、学習能力に偏りがある人もいるのではないかといわれ、とにかく種類が増えてきました。自閉症だけをとっても、まったく言語機能のない低機能自閉症から、アスペルガー症候群といわれる、むしろ知能は正常で言語能力もある程度あるのですけれども、対人コミュニケーションがうまくいかないという高機能自閉症のケースまで、いろいろなスペクトラムとして考えるべき問題だといわれるようになりました。いまでは自閉症についてはもうアスペルガーという名前さえもなくなって、精神医学的には「自閉スペクトラム」という名前で呼ばれるようになっている。ともかく、概念もまだ未整理の状態です。

でも、それについての情報は広がっていますし、際立ってもいるので、「うちの子どもは、そうなんじゃないでしょうか？」という訴えや、あるいは自己申告も最近すごく増えてきています。「私は、それなんじゃないでしょうか？」と、こちらから見るとごく軽微にしか見えない人たちまで受診するようになってきている。ですから、診療の場では、発達障害という診断をいささか強引にというべきか、半分無理矢理にというべきか、付けることがその人たちにとってメリットがあるのかどうかもよくわからない状況です。

よくいわれるのは、東京大学をはじめとする国立大学や、あるいは偏差値の高い医学部のようなところで、いわゆる受験秀才の中に……。

井上 多いでしょう。

香山 「よく人の気持ちがわからない」という人たちは、実はそうなのではないかとか……。

井上 私の勤務先である東京大学法科大学院に映画研究会という学生サークルがあって、それの顧問を私がやっているのです。一昨年〔二〇一五年〕が一〇周年で、ふだんは学生たちだけの集まりなのだけれど、もう少し広げて、上映後ゲスト・スピーカーと一緒にトークセッションもやる本郷映画祭というのを記念にやったのです。けっこう反響があったので、去年も第二回本郷映画祭をやりました。そこで取り上げたのが、スウェーデンの映画で『シンプル・シモン』という、アスペルガーをテーマとした映画だったのです。

東大に精神保健支援室というのがあって、その中にコミュニケーション・サポートルームがあります。そこの室長をやっている渡邊慶一郎先生という精神科医、さらに自らアスペルガーの子を育てておられ、障害を持つ親を支援するための「新宿スイッチ」というNPOを立ち上げた菊田史子さんにもパネリストに加わってもらって、いろいろと議論しました。

その映画に登場する子は、親がその子とどう付き合っていいかわからない。それが、なぜかはわからないですし、とりたてて悪い親というわけではないのですが、その子は親とはコミュニケーションができないのです。ところがお兄ちゃんとなら会話ができる。会話の切り口がある。パニックに陥ると、その子は自分がドラム缶で作った、人工衛星に見立てた空間の中に入り込んでしまう。そこから引き出せるのはお兄ちゃんだけなのです。そのときに使う言葉は、有人人工衛星で地上と交信する際に、特殊な言語を使うではないですか、雑音交じりに聞こえてくるような、それなのです。その言語をお兄ちゃんが再現してやると、その会話の仕方だったら応答するのです。

香山　それはドキュメンタリーですか?

井上　モデルはいるかもしれませんけれど、ドラマでフィクションになっている。

香山　アメリカの女性の動物学者で、テンプル・グランディン

［一九四七― 年］という人がいます。自身がアスペルガーで、牧畜の研究をしていた人です。農場での牛の行動を研究していて、例えば牛がちょっとした物の動きに反応する、旗がひらひら動いているのに反応して、落ち着かなくなったりするのを鎮めるために、それまでワクチン接種などの際に使われていた締め付け機を自分で改良し、家畜がおとなしくすごす家畜牧場というのを設計したのです。それが、普通に牧場や牛のいる風景としてイメージされるものとはまるで違っていて、非常に狭い通路と、締め付け、固定するための道具で構成されているのです。牛のために設計したそれは、取りも直さず、グランディン本人のためのものでもあるということで、その後に彼女はその経験を生かして、自閉症の人が落ち着く装置を開発します。それがまさにいまいったような非常に狭い空間で、周囲からぎゅうっと圧迫されるような、こちらから見ると拷問具のような感じの装置なのです。でも、その装置の特徴は、自分でコントロール

できるという点にあります。コントローラーは自分が握っていて、「もっと押して欲しい」と動かすと、こちらに迫るようになったりする。虐待しているように見えるのですが、それが自閉症の人たちにとってはパニックに陥った状態を落ち着かせるのに有効だというのです。日本でもいま、一部それに改良を加えたり、自作したりして使っている人がいます。

井上 スペクトラムといわれるように、ともかく多様なのですね。

香山 そうなのです。しかも、正常との間にグラデーションがありますし……。

井上 ですから言語の問題とだけいっていいのかどうか。もっと感覚とかかわらせて考えるべきものかもしれない。私が聞いたのは、音に対してやたらに過敏だというのがありました。普通に話していても、その人にとってはすごい音に聞こえることがある、と。それからシグナルと雑音の区別がつかないから混乱する、と。それらは言語的な会話ができない云々ではなくて……。

香山 知覚の方ですね。

井上 普通の会話が、音声としてぶわーっと攻撃されているように感じられるとか、あるいは視覚が異常に敏感とか。食べ物も色があるものは食べられなくて、白いものしか食べないなど。その子の親は、うどんしか食べさせないのだけれど、それが何か虐待しているように見えてしまうという訴えも……。

香山　共感覚といって、味なのに色を感じる。あるいは、食べながら「これは赤い」という。宮澤賢治がそれだったのではないかという説もある。それは例えば森の中の描写が、あまりにもすばらしくキラキラしているということではなくて、色彩や空気感を別の感覚で表している。風景を描くのに、「きれいな音楽のようでした」というふうに表現する。拾ってみるとそんな描写が多いから、そうではないかと思われているわけです。

病名告知の是非

井上　そのとき、症候はあまりにも多様だから、言葉との関係でいうと変にレッテル貼りをしない方がいいという側面もありますが、逆に悩んでいる人にとっては……。

香山　そこは問題です。

井上　ある意味で、レッテルを貼ってくれた方が楽になるということもある。そうしないと、他の人からみて、「なんだか、この人、変ね」ということになってしまう。映画『シンプル・

シモン』の中でも主人公は胸にバッチを付けている。バッチには「私はアスペルガーです。だから触られるのはいやです」と、書いてある。問題を抱えている人なのですというシグナルを発するために、あるラベルを貼ってくれた方が本人も楽だという面が……。

香山 それは、私たち精神科医も悩むところですね。特に精神科では病名告知というのはすごく大きな問題で、昔、私が精神科医になった頃は、基本的には病名告知はしないということだった。特に統合失調症、そういうものはしない。その頃はまだ、「精神分裂病」といわれていましたから、「あなたは精神分裂病です」とは、まずいわなかった。うつ病は少しずついうようになっていましたけど、それでも「うつ病」と告げると、本人が「違います」と否定する。あるいは、「そんなこと、思いたくなかった」、「ショックです」という。むしろデメリットが大きかった。それからだんだんと他の医療でも、例えばガンでも告知する方向になってきて、精神科もそろそろ告知しなければ、ということになって、「精神分裂病」では言いづらいし、本人にもショックを与えるから、統合失調症に病名変更と決まった。二〇〇二年のことですが、これは大きな出来事だったのです。

井上 日本だけですね。Schizophrenia という英語は変わらない。

香山 もちろんです。

井上　Schizophrenia は直訳すると「精神分裂」。

香山　そうなのです。

そうした中で、統合失調症も含めて、病名告知が本人にとって、何を意味するのかが、私たちにわからない状況がある。それは、「あ、病気だからなんだ」というふうに安心の材料になるのか、それともショックを受けて、「え、発達障害ということは、もう生涯変わらず、こうなのですか」と消沈してしまうのか。その辺が実感として、医者から見てもわからないところなのです。どうでしょうか。病名告知って、それこそ安倍首相がよくいうレッテル貼りのような感じですけど、例えば咳が止まらないというときに、「肺炎です」と明確にいわれる方が納得度はあるのでしょうか？

井上　それちょっと違うケースかもしれませんね。私はこの六月〔二〇一七年〕に風邪をこじらせて咳が止まらないので、病院で検査してもらったら、「軽度の肺炎です」といわれ、多少、ショックでした。

香山　ショック？

井上　でも、それはいってくれた方が楽だという局面もあるかもしれない。利用できますから。例えば、仕事を断るためにも（笑）。

香山　なるほど。

井上　「軽度の肺炎と診断されました」という方が、ただ「体調不良で」というより、相手に対してはは予定をキャンセルするのに説得力がありますね。自分自身の実際の疲労感は同じなのだけれど。

香山　特に精神疾患の類では、あたかもスティグマのような名前を与えることが、その人たちをいわゆる健常の領域から仕分けてしまう可能性もあるわけです。

例えば、池袋で車を運転中にてんかんの発作を起こして、女性一人が死亡、数人が怪我という傷害事件があって、そのドライバーに対する東京地裁の判決が出ました。懲役五年執行猶予なしでした。危険運転致死傷罪という、二〇〇一年の改正で新設された刑法が適用された結果でした。

現在の道交法と刑法では、統合失調症やてんかんなどの病気の場合は、普通の病気が原因で事故を起こしたケースよりも刑罰が重くなるのです。危険運転致死傷罪が適用される結果なのですが、そのことに精神科の学会はずっと反対してきた。だって、咳が止まらない状態で運転するのも危険だし、あるいは心臓発作で急死して突っ込むということだって考えられる。その場合は、通常の業務上過失致死傷罪で扱われるのに、なぜ統合失調症とてんかんなどの精神疾患のケースだけが重罰を課されるのか、それはおかしい、差別ではないか、と。統合失調症やてんかんの人が事故を起こしやすいという、きちんとしたエヴィデンス（証拠）もないのです。でも、たまにそういう事件が起きると大きく報道されるので、「とにかくてんかんの人には運転をさせるな」といったいまのような状況が生まれてしまう。そういうことも含めて考えると、とりわけ精神疾患について病名を与えるということは、やはり現在の社会にとっては相当に重いことだというのがわかります。

病と事故

井上 私が聞いた話では、てんかんの人はきちんと薬を飲んでいれば、発作は起こさないし、事故も起こさないはずだ、と。ところが、ときどき服薬を忘れてしまうので、事故につながってしまう、と。何年か前にも、そんな事件がありました。

香山 ときどきありますね。でも、薬を飲んでいても……。

井上 発作が起きることはあるのですか？

香山　発作がどのように起こるのか、例えば何年なら確実に抑えられるのか。それは摑めない。免許の更新が義務づけられているのは三年ごとですけど、四年目に発作が出ることもないわけではないから、その期間に言及して道交法で規制することはできない。それははっきりいって、防げないのです。

井上　そのときに、これは非常にアンビヴァレントなのですが、こういう見方はできないでしょうか。統合失調症の方はよくわからないから措くとして、てんかんの場合は絶対ではないにしても、定期的にある薬を、例えば業務を始める前などにきちんと飲んでいれば、事故は起こさないことの方が普通なのだが、しかしそれを個人だけに任せているとときどき忘れることもある、と。そういったときに、てんかんを持っている人が通常の社会生活に参加していくために、あえてその情報を開示して、雇用している側も、「君、ちゃんと飲みましたか」とチェックをする。そのことを義務づけることで、本人も忘れずに飲むようになる。そうした上でも、ごく小さい確率で何かが起こることはあるにしても、そんなある種の制度的なチェック装置を踏まえた上でやっていた場合には、それにもかかわらず起こったことは本人も予測し得なかったこととして責任をとる必要はないとか、そんなふるい分けはできるのではないかという気もするのですが。

香山　法律で規制しようとすると、隠す人が出てくるのではないかということも考えられますね。てんかんだって、もし事故が起きたら重罰に問われるという状況に法律がなっていると、むしろ患者がそれを雇用者に隠したり、あるいはもしかしたら病院にくることさえためらってしまう可能性がある。ですから、結局は逆効果だという意見もあるのです。でも、おそらく世の中の人々の心情としては、「そんな人に運転させるな」といったところだろうとは思うのです。

もう一つ大きな問題は、昨日〔二〇一七年六月二七日〕の『毎日新聞』の一面に出ていたのですが、認知症に関する道交法の規定が今年の四月から変わったことに関連する記事でした。認知症の恐れのある人が免許を更新するときは、医師の意見書が必要というふうに道交法が変わり、それが義務づけられることになったのです。意見を求められる医者にしてみれば、もし「ＯＫです」と書いて事故を起こされたら、医者も責任を問われるわけではないのですが、「絶対大丈夫」とは書きづらいから、やはりそこで少しためらいますね。その結果、一万何千人かが危険というのに該当して、免許更新ができなくなるという。そのことをめぐっては精神科医の間でも議論があったのです。高齢者はたしかに判断能力が衰えるから、事故は多い。しかし、認知症だからといって必ず事故を起こす率が高いという調査結果は実はないのです。一定以上に進行する前の認知症は記憶に問題が生じるだけで、慣れているある範囲での運転ができなくなるわけではない、という人もいる。そしてもっと面白いのは、事故を起こす確率は高齢者よりもむしろ二〇歳前後の人の方が高い、と。一部は暴走したりするわけですから。ならば、「二〇歳前後の人から免許を取り上げろ」ということになるだろうか、というのです。そうは、ならない。なぜ高齢者だけが免許を制限されなければならないのか、と。

井上 差別一般の問題ですけれど、結局はカテゴリー化するということですね。

香山 そうです。

エイズと同性愛

井上 カテゴリー化による差別にかかわるのですが、エイズと同性愛者とが結びつけられたことがあったじゃないですか。

香山 ありました。

井上 同性愛者に対してさまざまな差別的な措置が取られた。それは同性愛者だからではなく、彼らがエイズを広げるという、公衆衛生上の特別な理由があるからだとされた。そんなときに、

「ナイトライン」というアメリカABC放送のニュース番組で、八〇年代でしたか、テッド・コッペル〔放送ジャーナリスト。一九四〇― 年〕がこの問題を取り上げているのを見たのです。テッド・コッペルは、CBSニュースの「60ミニッツ」を担当したダン・ラザーと並び称された男で、政治家に対しても誰に対しても、本質的な問題にバンバン切り込むという、いまはもうあまり見なくなったタイプのニュース・キャスターです。コッペルが同性愛とエイズとの関係を番組のテーマとして取り上げ、彼らの行動を規制すべきだという人と、同性愛者でその権利を主張する人たちとの両方を招いて、討論させた。それはもう、日本では考えられないほど突っ込んだ議論を引き出すのです。

私が鮮明に記憶しているのは、同性愛の権利を擁護する人が、ハイリスク・アクションとハイリスク・グループという二つの概念を区別する必要性を主張し、根本的な問題は同性愛者をハイリスク・グループという概念の方にくることにある。それは、おかしいというわけです。要するに、ハイリスク・アクションはある、と。この場合、それはコンドームを付けずにセックスすることなどだ、と。そしてこれについていえば、同性愛者の方が逆に、自分たちを守るためにハイリスク・アクションはしないというのです。

香山 なるほど。そうかもしれないですね。

井上 テッド・コッペル、そこで突っ込むわけです。「あなたたち同性愛者はどんな『安全な性行為』をしているのか、具体的にいってくれ」と訊く。そうしたら問われた方もためらうことなく、「ミューチュアル・マスターベーション（相互的手淫）だ」と答えた。そこまでいわせるかと思ったけれど、これで問題が明確にされる。逆に異性愛カップルの場合の方が、性的満足度を高めたい男が相手の女性に「お前は、ピルを飲んでるから大丈夫だろう」と、コンドームなしのセックスを強いることが少なくない。だからカテゴライゼーション（範疇化）は必要だけれど、あるグループ化を前提にカテゴライズするのではなく、まずハイリスク・アクションとハイリスク・グループとを分けろ、と。

香山 そう思う。

井上 病の告知やレッテル貼りの議論と少しつながるような……。認知症患者だからということではなく……。

香山 まさにそうです。そのことは精神科医もいっている。個別の状況ごとに、個別の認知機能で分けるべきであって、病名で分けるべきではない、と。てんかんも同じですね。発作がある、あるいは発作が頻発しているという人は、別にそれがてんかんであろうが、咳の発作であろうがだめなわけです。それを病名で分けるというのが差別につながるのではないかということと、まさにそれですね。

コミュニケーション障害とは病か

香山　それでさきほどのコミュニケーションができるかどうかの話に戻れば、日本でもコミュニケーションに対する期待値が上がりすぎていて、昔なら単に口べたとか、無口な人とか、少しはにかみ屋さんだとか、あるいは慎み深いとか（笑）、いわれて済んでいたものが、現在のアメリカの診断基準だと「社交恐怖」という新しい病名が付けられてしまう。その病気、ほとんどの日本人には当てはまるのではないか（笑）。初対面の人は苦手とか、大勢いる前でのスピーチは嫌だとか、けっこう多くの日本人が当てはまる。それが病気だということになってしまっている。それには病名を与えられた人たちに薬を使わせたい製薬会社が、後ろで働いているのではないかといわれている。陰謀論っぽいけど、さもありなんと思います。

日本でも、「自分はコミュニケーション障害じゃないか？」といって、診察室にくる人もけっこういるのですけど、こちらから見るとまったく病的なものではなかったりする。その裏側に、流暢に話す、あるいはそれこそ「朝まで生テレビ！」ではありませんが、人を言い負かす力が評価されて、ああいうことができなければいけないと思っている人がいますね、いま。

井上　『シンプル・シモン』もそうだけれど、彼らにとってはある手順を踏んでやれば、コミュニケーションができるのですね。

香山　そうです。とにかく具体的に一つずつ指示する必要があります。

井上　普通の人と少し違うというだけの話であって、それを理解すれば、人工衛星の中の宇宙飛行士の会話でも何でもいいのですが、それなりにできるのですね。

香山　例えば、具体的にきちんと指示するとか。私は産業医の仕事も少しやっていて、IT企業に行っているのですが、その中にこれまでまったく病名を付けられたことはないという人で、この人と診察室で主治医として会ったらおそらく何か診断をつけてしまうだろうな、というケースもあります。その人は診断されたこともないわけで、産業医は別に診断をする仕事ではないので、口にはしませんでしたが。日常の仕事でミスが多く、上司に叱られると、「どこが悪いのですか？」と訊き返す、「お前、そんなこともわからないのか。自分の胸に訊いてみろ」といわれて、予想される線ではないかと思いますけど、次の日の朝、「一晩、自分の胸に訊いてみましたが、なんにも答えがありませんでした」と報告にきて、上司が、「これはおかしい」

と、連れてきた。いわれたことをその通りに取ってしまうのです。そういう人には、バカにしていると思うかもしれないけど、きちんと箇条書きにして、一、何々をする、二、これをこのようにする、というふうにやって欲しい作業を教えてあげる。「自分で考えろ」とか「応用しろ」ではなくて、書いてあげてくださいね、と上司の人に頼んできます。そうするときちんとできるのです。

井上　それは私も聞いたことがあります。オフィスの中にプランターがあって、「水やりをしてくれ」といったら、やるのはいいのだけれど、底皿からあふれ出てもやっている。でも、それをその人の問題と考えないで、きちんと「コップに一杯だけあげて」と明確に特定してあげる。量的に限定するとか、そうしたらその通りに、それはすごく緻密にやる。

香山　でも逆に、これもそのまま社会化してはいけないけど、政治用語として「忖度《そんたく》」という言葉が使われている昨今では、そういう人の方がいいような気もしますね。忖度しすぎてしまって、相手の気持ちを慮《おもんぱか》りすぎるという方が問題は大きい気がする。

井上　「忖度」っていい意味の言葉だったのに(笑)、森友学園から加計学園の問題で悪い意味に使われちゃった。

私の経験でいうと、大学で面接などをしていて、すぐに受け答えができない人たちがけっこう増えてきた。では、その学生たちにコミュニケーション能力がないのかというと、そうでもない。以前、私より年配の先生と一緒に、大学院の入試の面接をしたことがあります。面接を受けている女子学生の受験者が何を質問しても返答に窮しているので、少しイライラしました。面接終了後、年配の先生に、あの学生はちょっと無理ですねといったら、その先生がこういったのです。自分にもあのぐらいの年頃の娘がいて、だんだん若い人がわかるようになった、と。彼女たち、彼らはしゃべれないのではなくて、シミュレーションしているのだ、と。自分がこういったら、相手はどう反応してくるだろうか。別の言い方をしたら、どう反応してくるのだろうか、と。いろいろシミュレーションして、最適な言い方を考えているから即答ができない。

ですからコミュニケーションができないというよりは、ある意味では自分の頭の中で、実験的なコミュニケーションのシミュレーションをいっぱいやってしまっている。やりすぎてしまっているのではないかという。コミュニケーションを成功させようという意思が強すぎて、しゃべれなくなってしまう。

香山 それはあるかもしれない。

井上 逆に、そんなことといいじゃないか、相手を怒らせようが、誤解されようがと考えれば、ずいぶん楽になれるのに。コミュニケーションに過度の期待を置かず、うまくいかなくたってかまわないのだと楽にかまえたら、すごくしゃべれるのに。

ネットのストレス――脳に与える不可逆的な損傷

香山　社会学の情報社会論などでいわれるフレーミング、これはコミュニケーションの場での手がかりのなさから生じる破綻を指していて、感情的になったり、攻撃的になったりすることなのですが、柔軟にかまえることができないことからくる失敗をいう概念です。例えば私が、「井上さん、八〇歳ぐらいですか？」と、もしいったとして、先生が「む、む？」という顔をしたら、「冗談ですよ。五〇歳ですよね？」と言い直したり、相手の表情を見て、そういう反応はできるわけですね。ですから、会議であっても、別のケースでも、対面コミュニケーションでは、自分が話しながら修正していける。でも、ネットではそれができない。相手の顔色も、いわゆるその場の空気もわからないから、自分の言いたいことを書いてしまうしかない。そしてその反応は、相手がどう思っているかは、また文字を通してしかわからないわけです。もっぱらＳＮＳで対話している人たちは、井上さんがいわれたような、楽にかまえて、言いながら少しずつ修正していく、「あ、これいっちゃまずかったな。じゃあ変えよう」という柔軟な対応が苦手なのでしょうか。

井上 ネットでは、逆に即答が要求されますね、ラインなどでは特に。すぐに返さなければならないから、むしろシミュレーションする余裕がないのかな。それに対する反応もすぐに返ってくる。だから逆の方向にぶれちゃっているということなのかな。

こうやって対面で話していれば、下手なことをいっても、その言葉だけに反応はしないでしょ。どんな顔でいったかということがわかるわけじゃないですか。

香山 その意味では、ネット上のコミュニケーションは情報量が極端に少ないですね。

井上 だから、即答を要求され、かつそれが相手の期待と外れたときの修復可能性は小さくなっている。お互いに、誤解がポジティヴ・フィードバックで一気に広がってしまうという……。

香山 だから、いわゆる炎上していくということになる。大学生に訊くと、それはもう仕方ないから、もう流していくのだそうです。嫌なことが書いてあってもスルーしていく、と。例えば、一〇人ほどのグループがラインで話していて、Aさんがいるのを忘れちゃって、Aさんの悪口を言い合ったりしていることがあるのですって（笑）。「Aさんはどうするの、そこで。私、傷ついたと発信するの？」というと、「いや、Aさんは仕方ないから、みんな、私がいることに気づいてないんだと思いながら、そこはもう流していくしかないんです」と答える。学生に、「最近の若者の生きづらさについてレポートを書いて」という課題を出すと、多くが「SNSが原因」と書いてくるのです。「もうツイッターはやめた」という学生も多くて、あれは相当に学生にとってはストレスフルなメディアなのではないですかね。

井上　東北大学の脳科学者で、ゲームやスマホの脳に与える影響を調べている川島隆太さん〔一九五九－年〕……。

香山　「脳を鍛える大人のDSトレーニング」というゲームを、任天堂と共同開発した人ですね。

井上　彼の結論は、スマホは概して集中力を妨げるということなのです。その中でも特にSNSが悪い、ラインが特に悪いという。一般的には、例えば一つのアプリを開いて操作しながら、同時に別のアプリも開いて、あれもこれもと散漫にやれてしまうから集中力が維持できないということはある。でもこれは、やめてしまえば回復していくというのです。小学生七万人を対象にして実験をしたらしいのですが、やめれば学力は回復していくのだそうです。ところが、やめてもすぐ直らないのがこのラインと、その類のもので、即応答しなきゃならない。それも常時、起きている間中、井戸端会議の状態で、応答しなきゃならない状況に置かれ続けているから、これはある種の器質的な損傷を脳に与えているのではないかといっている。

香山　不可逆的な損傷……。

井上　だから、やめてもすぐには戻らない、と。

香山　その辺りの研究にも興味はあるのですが、いまファンクショナルMRIという非侵襲的な脳の画像診断装置ができていて、手軽に脳血流の増加をMRIでとらえる、つまり脳の活動の様子をとらえられるようになりました。でもその種の研究は、倫理上、大きな問題もはらんでいるのです。患者がはっきりと病気であれば、脳のMRIを撮ることになんら問題はないのですけど、対象がごく普通の人で、その人たちを、ラインを毎日一〇時間やっている人と一時間しかやっていないグループとに分けて、ファンクショナルMRIを使って、その二つのグループの間で脳の機能はどう違うかとか、ラインをやめた後でどう回復してきたかを調べる。これは、大幅にプライベートな領域に踏み込むことを意味しますし、かなり難しいことです。多くの人が、知りたがることですし、学者もみんなやりたがるわけですけど、サンプルを収集するための実験ってなかなか難しいと思うのです。川島さんは、よくやっていると思う。

　井上さんは、SNSをよく使われますか？

井上　私はやりません。

香山　メールだけ？

井上　メールはやります。でも、すぐには応答しない。ガラケーだし。

香山　学生に、「先生、やってくださいよ」といわれませんか？　ゼミの情報など、ラインのグループで連絡し合いましょうよ、とか。

井上　それは絶対に嫌です（笑）。

香山　そうやって、はっきり態度で示せばいいのだ。私は、すぐおもねってしまいますから。

「いいね」――肯定・承認の可視化

井上　私は、コミュニケーションとは、はっきりいってそんなにいいものだと思っていない。最初の著書『共生の作法』（創文社、一九八六年）は、「会話としての正義」という副題が付いていますが、コミュニケーションと会話とを私は区別しています。詳しい説明はその本の参照を乞いますが、要するに、コミュニケーションは他者を自己の目的追求の手段にする。他者とつながっていたい、他者の関心を惹きたいという自分の欲望実現の手段として他者との交信を求めるのもそうです。会話は、自己の交信欲求の手段にできない他者の独立性を承認して初めて

成立する。他者に、あれこれ踏み込んで訊いたり、自分への関心を示す応答を迫ったりするのは、会話の作法に反すると思っています。

もちろん、自分は教師として、ある権力を行使し、例えば採点したりしているわけで、学生から評価に対する異議申し立てがくれば、それは応答しなければならない。それを拒否するということではなく、ふだんの人間的会話の中で、しょっちゅう誰かと交信し続けるのは、自分が望んだ状況ではない限り、そんなところに置かれてしまうのが嫌なのです。

香山　そこにある、いわゆるパーソナル・スペースに入り込まれたりするのが嫌っていうこと？

井上　というか、面倒臭い。パソコンを使ったメールですら、始めたのは二〇〇〇年。

香山　九五年にウィンドウズが登場して……。

井上　そう。それまでもワープロは、ワープロ専用機でずいぶんやってはいた。タイプライターの延長として使っていました。英文の論文も書かなきゃならないから。ところが、ネットワークでつながるのは大嫌いで、できるだけ避けたかった。だけど、もう大学内の事務もどんどんペーパーレス化しているではないですか。そうすると私がやらなければ、助手に送ってきて、プリントアウトして「先生にファックスで送れ」ということになる。他の人にコミュニケーション・コストを転嫁してしまうことになるので、仕方なしに始めました。それも、絶対最小限。

香山　インターネットで、いろんな情報を見たりはするわけですね？

井上　見ます。でも、たまにですね。それも絶対に、自分については検索しない。ぼろくそに

いわれているのはわかっているから（笑）、そんなことで腹を立てたくないから。

香山　私には、すごく不思議だったのですが、最初にインターネットができて、メールは措くとして、ブログというサービスがアメリカでできたということを聞いたのは、二〇〇〇年ぐらいかな。ともかく、だいぶ前だったのです。そのとき私は、「いや、こんなの日本じゃ、とてもじゃないけど普及しないだろう」と思った。なぜかというと、精神科のそれこそ統合失調症の症例で、何が一番苦痛かといえば、自分がのぞかれている、あるいは自分の秘密が保たれていないという妄想です。あるいはテレビ体験と呼ばれる特殊な妄想があって、それはテレビで自分のことが常に放送されている、あるいはアナウンサーが自分に話しかけてくるというものなのです。そんな話をちらっと聞いただけなら、毎日自分がテレビに出ているなんてすごいじゃない、と思うわけですが、本人はそれがすごく苦痛なのです。「今日もテレビに出ちゃいました」という。そんな症例と付き合っていて、自分の秘密を自分の力で保持できないということは、人間にとってすごく苦痛なのだと思っていたので……。

井上　最近では、旅先で写真を撮ってアップしただけでも、「こいついま、家にいないんだ」というのがわかってしまうらしい。その人の住所なども、過去にアップされた情報を総合して調べられてるんだって……。

香山　そうです。

井上　指先の写真からでも指紋が採れちゃうんだってね、いま。

香山　そうなのですよ。私が知っていると思っていた日本人のメンタリティからして、プライベートなことを公共の目にさらす道具が普及することはありえないと思っていた。自分から「今日は、こうした、ああした」ということを発信する人など、絶対にいるわけがないと思ったのです。でも、それは私のまったくの思い違いでした。ブログはすぐに日本でもバーッとはやった。その後、ミクシィとか、いわゆるSNSといわれる交流サイトとか、短文投稿サイトとか、ツイッターなどが登場して、あっというまに当たり前のものになった。みんなが義務のように、「今日は、これを食べました」、「いま、どこそこにいます」と、自分の情報を垂れ流している。

井上　あれはなぜですか？

香山　いや、本当に摩訶不思議。

井上　一方では、自分のプライバシーにこだわっているわけでしょ。その他方で、なぜさらけ出したいの？

香山　よくいわれるのは承認欲求ということです。それによってみんなに自分の存在を認知してもらう。フェイスブックのすごいところは、「いいね」という機能です。見ましたよとか、よく頑張った、「いいね」と。まさに「いいね」といってもらうことの嬉しさ。そのことによって自分の評価が可視化される。肯定・承認が可視化される仕組みです。ということは、それほどに求めていたのだな、ということですね。

井上　そんなに「いいね」といわれたいのだろうか（笑）。

香山　そう思います。でも他方で、いろいろ考えてしまう。例えば、私が論文を書く、あるいは本を書く。するとそれが印刷され、本や雑誌として市場に出るわけですけど、それなりに「あー、できたか〜」という充足感がないわけではない。自分が手をくだしたものがパブリックなものになったということ、私が可視化される状況ってありますね。そういうことがまったくない生活で、いったい自分は何をしてきたのかということが、まるで見えない。例えば、子どもがいるとか、好きな人がいるということは、それとしていいのだけど、それは別に数字ではないから、見えてこない。今日は52だったとか、今日は85になったとか、毎日そのつど、すごくわかりやすい数字で可視化されていくというのは、これは中毒になることなのか、と。

少し前に、陰山英男さん〔教育者。一九五八— 年〕が普及させた百ます計算というメソッドがありました。いたって単純な四則計算を、集中力を高めるために子どもにやらせる。それがすごくはやった。それも、今日はどこまでできたということが、昨日はここまでだったのが、今日はここまでいったということが、一目でわかるということなのです。みんなが争うようにして、それをやった。それが学力アップにつながったのかどうかはわかりませんが、自分はこれだけやったとか、ここまでやったことがみんなに認められている、そしてそれが数値化されるって、大きいことなのだな、と。

SNSの虚と実

香山　食べたり、飲んだり、恋愛したりという日常を、逐一撮影し、ブログにあげる。これ、若い人ではほとんど習慣化しています。井上さんも経験ありませんか？　若い学生とご飯を食べに行ったら、みんな必ず写真を撮りません？　ライフログという、生活のデジタル記録……。

井上　いま、これを食べておいしいということより、それを記録することがリアリティなのですかね。記録しないとリアルではないのか。

香山　リアルとヴァーチャルの一種の転倒を逆手にとった人が木《き》嶋《じま》佳《か》苗《なえ》、連続不審死事件の。

彼女は自分のブログで、いかにも素敵な生活をしているかのように演出した。いつもホテルでこんな食事をしていますといったふうに。これが不思議なことに嘘ではない。嘘をつこうとすれば、どこからか出来合いの写真をもってきて載せればよかったのに、そうはしない。ですから、それを維持するためにお金が必要になって、男と付き合っては殺し、ということになってしまった。むしろ、彼女は嘘を書けばよかったのです。「今日も三つ星レストランで食べました」と。そこは律儀に嘘は書かず、限りなく素敵な生活を送っているように演出する。

井上　ということは、書く内容が私小説化しているわけなのかな？　なぜ、こんなことを訊くのかというと、その昔、ブログが広がり始めた頃、企業は社員の中でブログをやっている連中に対してかなり警戒心を持っていたのです。ブログをやる本人は自覚していないし、また掲載されている一つひとつの情報をとったら別に大したことはないのだけれど、その情報が組み合わされると、彼が属している企業についてのある重要な情報を含意することがありうるということだった。だから一〇年ぐらい前だったかな、ブロガーは要注意人物リストに企業が載せていたということがあったようです。いまはそんなことを聞かなくなった。みんながやってしまっているから、いまさらどうしようもないということなのか？　あるいは、そもそも自分の会社のことなど、誰も書かなくなったということなのか？　ブログにあげるのは、もっと私的なことになったのか？

香山　でも、ＳＮＳではもう公的と私的との区別がつかなくなってしまっている。公式見解なのか私的なことなのか、その線引きができなくなっている。その弁別が一つの規範なのだとすれば、それが崩壊しているのがトランプ現象ですね。

トランプは、ドナルド・トランプと、プレジデント・オブ・ユナイテッドステイツというツイッターの二つのアカウントを持っているようですけど、それをいったいどう使い分けているのか、果たしてそれを使い分けているのかどうかすらわからない。大方は、ドナルド・トランプの方で発信しているようですけど、では、そっちの方には私生活上のこと、「今日、何を食べた」などと書いているかといえば、まるでそうじゃない。ある意味、とんでもないことを書いている。政治的なこと、それも世界の運命にかかわるようなこと、それと誰が嘘をついているとか、普通なら名誉毀損に当たるようなことを書く。それが、アメリカ大統領の公式ステートメントのようになっている。

井上　私はそれ、メディアがいちいちフォローするからではないかと思うのです。

香山　でも、毎日発信していますからね。

井上　要するに大手メディアが自信喪失したことの現れですね。トランプに、メディアは嘘ばかり書いていると誇張され、SNSの方にリアリティがある、といわれてしまったものだから、トランプがSNSで何をやっているか、メディアが取り上げざるをえなくなった。

それと関係する最近の事例があります。シリアのアレッポ、反政府勢力(自由シリア軍)の牙城だったところで、そこに政府軍やアルカイダ系の武装勢力など、三つ巴、四つ巴の悲惨な戦闘状態が生まれている。そこから、その悲惨な状況を世界に向けて発信している八歳の少女がいるのです。バナ・アラベドちゃんという英語のできる女の子が、家が爆撃されて、家族が逃げまどったり、友達が死んだりした悲惨な状況を、SNSを使って送っている。トランプ大統領にもプーチン大統領にも、全世界の影響力のある人々に発信しているのです。それが、SNSで世界に最も影響を与えた二五人のうちの一人に選ばれた。

これは、さっきのトランプがツイッターでやっていることにメディアが付き合わざるをえないということのカウンター・バランスになる出来事というよりは、政治的言説における公と私の区別の溶解という現象の現れとして、むしろ同質なものだと思うのです。もちろん、その少女は悲惨な状況によく耐えて、しかも英語でシンプルだけれども強いメッセージを発して、それはすごいことだと思いますし、その内容は私小説的な世界とはおよそ異質であることはわかる。

でもね、これ私の中では、文化大革命のときの情景と重なるのです。文化大革命のとき、毛沢東が紅衛兵という子どもたちを使って古参幹部を攻撃した。その頃、『朝日新聞』に、古参の共産党幹部が小学生の女の子に糾弾され、失墜して、引きずり回されていたという記事が出た。記事の筆致は、それを批判するというより、中国の民主化はすごく進んでいると是認するかのようなトーンだった。当時のこの記事には、共産党中国にあって『朝日新聞』が置かれてきた処遇からくるバイアスがかかっているようでもあったのですが――だって他の新聞社が特派員を置けない状況で、『朝日新聞』だけは例外として派遣を許されていたわけですから――、そのことは措くとして、その記事を読んだときに、「これは、いったいなんだ!」と思ったのです。ナチがやったことと同じです。ヒトラー・ユーゲントを、ナチは示威や宣伝に使いました、子どもが親を密告するという事態まで生まれた。

ですから、八歳の女の子の発信したことが、世界に影響力を持ったということに、ちょっと怖《こわ》い感じがしたのです。

香山　違和感を感じた?

井上　彼女にしてみれば、自分が経験して痛切に感じたことをストレートに発信したということだとは思うのです。だけど、いくらその子が立派な勇気のある子どもだったとしても、八歳の少女ををメディアが「世界に最も影響を与えたSNSの二五人」などとフィーチャー（焦点化）してしまうことがよくない、複雑な問題への対応を幼女の単純な発言で左右させることは危険ですし、彼女のためにもよくないと思うのです。テロリストの標的になる可能性がありますから。

香山　いまのお話とはずれるかもしれませんけど、昔ならとてもシリアの少女がアメリカ大統領に直接何かもの申したり、文化大革命のようにある権力を倒してしまうといったことはできなかった。そこに到達するまでに何万ものステップがあったわけですね。

井上　あった。

香山　いま、SNS、ネットの世界は、その距離、あるいは段階をなくす、フラット化するわけで、そこが「いい」のだと他方ではいわれてもいますね。

ポスト・トゥルース

井上　トランプは、ベビーマンといわれているのです。普通、アメリカで「ヤングマン」というと、「まだ青いな」という意味と、「まだ若いのに、お前、しっかりしているな」というニュアンスとの両義的な使われ方をする。それをもじって、トランプを「ベビーマン」と呼ぶ（笑）。これは赤ん坊が大人の図体をしているという意味だけど。しかし、トランプをベビーマンと茶化しながら、メディアは他方で、本当にまだ幼い少女に政治的な言説の重要な役割を負わせてしまうわけですね。

すでに話した「ナイラの証言」という酷い例もありました。一九九〇年初頭のイラク・クウェート戦争のとき、クウェートのナイラという名の一五歳の少女を、駐米クウェート大使館の官製NGOとアメリカの宣伝会社が利用し、湾岸戦争への好戦気分をかきたてたという話です。

アレッポの八歳の少女の場合は嘘ではないとは思いますが、直接的に感情に訴えることで、重要な政治的決断が議論を介することなしに、パッと決められたり、転換したり……。

香山　「ポスト・トゥルース」とはそういうことですね。客観性はないけれども、感情に強く訴える方が勝つということ。それは、さまざまな場所や局面でよくあることだと思うのです。例えば、精神科の領域でいえば、少年法の厳罰化がこの間、何回か行われてきているのですが、少年院に入る年齢が段階を踏んでどんどん下がってきている。いまでは小学生でも入れるようになった。それがだんだんと改正されるきっかけには、常に一つの事件が対応しているのです。

一九九七年、神戸で起きた酒鬼薔薇《さかきばら》事件のときに一六歳だったのが一四歳に、その後二〇〇四年、佐世保で小学校六年生の女の子が同級生を殺害した事件のとき、一四歳という下限すら撤廃され、場合によっては小学生も、と改正されたのですが、それはどちらもたった一件の事件がきっかけになっている。

しかも、よくいわれることなのですが、この事件の二人とも、とりわけ凶悪な子どもだったわけではなく、その後の精神鑑定で精神疾患、発達障害を抱えていたのではないかといわれているのです。結局、いくら厳罰化したところで、それが犯罪の抑止になるかといえば、そんなことはないのだけれども、それこそ感情的に世論は動いてしまう。「そんなにも恐ろしい小学生がいるなら、無罪放免では済まされないから、少年院に行ってもらおう」となるわけです。常にそうした感情を揺り動かすたった一件が、世の中の仕組みを変えてきたのではないでしょうか。

井上 かつて、いまいわれたような危険性を自覚しているがゆえに、自制するというルールがメディアにある程度あったのです。それが、なくなっていく。

香山 それは世界的に?

井上 そうですね、SNSがまさにそうだけれど。それ以前に、さっきも触れた宣伝プロモーション会社を積極的に使うようになったということがあります。例えば、ユーゴスラヴィアが解体した際の民族紛争の過程で、セルビア人、クロアチア人、ムスリム（イスラム系）と三つの勢力が抗争したのですが、セルビア人だけが悪いといった雰囲気の報道が支配的になった。クロアチア人もムスリムも、何もしなかったわけではない。そこにもやはりアメリカのプロモーション会社が入ってきていた。もちろん、セルビア人も酷いことをやったわけだけれど、セルビアに対しても随分と蛮行が行われていた。おまけにこの地域の民族紛争にはローマ時代に遡る歴史的経緯があるようですから、一方的にセルビア＝悪ということはありえない。そういう情報を流し、世論をコントロールするプロがいるわけです。そんなことをやってきた上に、いまやそんなプロに頼らずとも、個人がSNSを通じて嘘であれ、ガセネタであれ、色づけられたイメージをバーッと広げていくことができるようになった。

香山　それはでも、いま始まったことなのかな。昔からそういうことはあったのではないですか。ベトナム戦争のときの裸で逃げまどう少女の写真や、さっきも触れましたが、ついこの間も難民船から落ちて浜に打ち上げられたシリア難民の子どもの写真が強くみんなの胸を打った。そんな一枚のヴィジュアルや一つの物語が、わっと世論を喚起してしまうということは、かなり昔からあったことではないでしょうか。

井上　その対象が多様な解釈を許して、この場合だと、一人の子どもが死んで浜に打ち上げられたという事実を、写真を見た人がそれぞれ解釈し、また判断が分かれるという状況があれば、私はいいと思うのですが、さきほどのナイラの証言のように「ベビー・キラーだ」の一言で……。

香山　いっぺんに雪崩をうっちゃう……。

井上　シリア難民の子どもの場合は、なぜこういう事態にいたったかを考えさせる要素が、いろいろまだあるじゃないですか。

香山　その辺りの、経緯や背景の検証ができなくて、雪崩をうってしまうということは確かにあるかもしれませんね。一方にその逆もあって、例えばトランプ政権がよく発信しているのは、かつての不都合な真実の証拠、判断の根拠とされてきたものを「あれは嘘であった」と決めつけるというのがあります。北極の氷河が崩れ落ちる映像、あれで私たちは地球温暖化の意識を持ったのですが、「実はあれは誇張した映像で、嘘なのだ」と逆手にとって、逆の判断の根拠として使っている。同じ映像をまったく異なる解釈に使う、ほとんど騙し合い合戦みたいになっていますね。

香山　でも、一枚の写真や一つの物語が感情に訴える力、それをもって何かを一気に変えてしまおう、法律を改正しようという動きは自制して、もう少し実証主義的に検証してみるということは必要ですね。

井上　本当にそれは必要です。自制して、多角的に検討してみるということ、これは大事です。いまは無視されてしまいましたが、熟議民主主義（deliberative democracy）、決定の前に熟議しましょうという姿勢ですね。日本の民主党は、それを民主党政権時代にやろうとしたけれど、結局内輪もめで分裂してしまったから、「熟議」が決められない政治の代名詞のようになってしまった。安倍政権はそこを突いて、「決断できる政治」を掲げたが、それは専断政治になってしまう。トランプ政権もそうですね。「私は行動する」という看板を……。

香山　その熟議というのが、かつてこの地球上で実現したことはあるのですか。

井上　いや、それがないから作ろうという運動が始まったばかりだったのです。アメリカでさえそうです。とりあえずは、世論調査の結果がいまのように、熱病患者の体温みたいに急変動しているのはおかしい、と。それを世論だと称するのをやめて、一五、一六人ほど参加者をランダム・サンプリングで選び、熟議する前に、まずその人たちに普通のアンケート調査をする。そして、定期的に何回か集まって議論したあと、再度同じアンケートをとる。そうすると明らかに差が出てくるのです。それは価値判断として水準が高くなったということではなく、例えば熟議する前には、共和党と民主党の政策の違いすらわかっていなかったとか、ある問Aに対してイエスと答えたら、論理的にBに対してノーと答えなければおかしいのに、Bに対してイエスと答えてしまうなどといった類の認知的な問題がなくなって、それなりのしっかりとした回答結果が得られる。この問題について、こういう立場をとる以上はこう答えなければいけないといったことがはっきりしてくるわけです。ですから、そうした仕方で熟議を経たものを世論として提示するだけでも、ずいぶん違ってくるはずなのです。他にも実際の政策決定過程への熟議の導入という企てはあるのですが、それは逆にいえば、大衆民主主義状況では熟議などなしに、そのときどきの国民の感情的反応で政治が左右されやすいということです。

香山　多数決の原理だけが優先して……。

井上　それで暴走してしまうという、その問題があるからなのです。いわれるように、熟議民主主義はいままで実現したことはない。ほとんど逆だといってもいい。しかし、ある種の自制は現実の政治にあったのです。それは、「これはお手つきだから、やってはいけない」という慣習上の不文律のようなもので、それが崩れてきた。さっき香山さんがいわれた行刑問題だとか、刑事政策のところに、それははっきり見えます。

その例としては、だいぶ前の話ですが、一九八八年の大統領選挙を争ったマイケル・デュカキス〔マサチューセッツ州知事。一九三三―年〕とブッシュ・パパ〔ジョージ・H・W。一九二八―年〕の選挙戦でのことです。デュカキスは、そのときマサチューセッツ州知事で、治安対策として、画期的な改革をやってみせたのです。

彼の治安対策改革とは、服役者を早期に仮釈放して社会復帰を促すというものです。日本も治安がいいといわれるのは実はその政策をとっているからなのです。あまり長い間、社会から隔離していると、刑務所から出た後、社会復帰ができない。そうすると再犯を繰り返すことになる。早めに仮釈放して社会復帰を促した方が全体として治安がよくなるということで、デュカキスはマサチューセッツ州でかなり実績を上げていたのです。ただ例外的に、仮釈放中に残虐な事件を再度、犯したケースがあった。でも、それは選挙戦の道具にしてはいけないことだった。その選挙の前半でデュカキスの優勢が伝えられたら、ブッシュ・パパがネガティヴ・キャンペーンで、この例外的事件を攻撃材料にした。禁じ手を使ったのです。実情を知る人々は厳しく批判したけれど、煽動効果は大きく、これによって州知事として実績があったにもかかわらず、デュカキスは一挙に追い詰められた。政治ではマナーと言いますか、デコールム（適切さ、規範）という言葉が使われますが、法律ではないけれども、暗黙のうちに「これはやってはいけない」という了解事項があるはずなのです。それがあるときから崩れてきたのではないか。

香山 それは、あるときからなのでしょうか。そういうことを逆に政治利用するという例もいくらでもあるのではないですか。私の知る範囲のことでは、去年〔二〇一六年〕、相模原で障害者虐殺事件がありましたが、そのときも精神保健福祉法を変えようという流れになったのです。そのとき、安倍首相が、実に恐るべき事件であります。こんなことは二度と起こしてはならない。「私の指示で、精神保健福祉法に手をつけ、措置入院からの退院の条件をより厳しくします」というと、多くの人に、「ぜひ、頼みます」という空気が生まれてしまう。それでまた、時の権力者に対する支持が高まるということがよくある。みんなが衝撃を受け、おぞましいと思っている事件をむしろ逆手にとって、政治利用する政治家も少なくないわけですね。

人の側ではどうなのでしょうか。政治家はそうしたほとんど煽動の類を本当はやってはいけないのだけど、そういうことは間々ある。それに対して一般の人の方が、いや、そんな操作に騙されてはいけない。あの事件は偶発的に起きたのかもしれない一件とみるべきで、そのことで法律を変えられると、結局そのとばっちりは自分たちにくることになる、と。とどのつまりは、自分たちが首を締められる、不自由になる。例えば、二度と性犯罪を犯させないためにGPS装着を義務づけようということになると、もし万が一自分が何かをしでかしたときは別としても（笑）、それは歯止めが効かなくなって結局自分に向かってくる。その判断を政治家に期待するのではなく、一般市民の側でそれを防ぐということへの、なにがしかの構築はできないのでしょうか。

井上 私はその点については、「我ら愚者の民主主義」という自分の民主政観に立って考えます。政治家も馬鹿をやるし、有権者も間違える。やってみた上で、累《るい》が自分にも及んできて、そうして学習する。アメリカも、あれほど憲法を改正するのは難しい国なのに——日本よりもずっと難しい、州の四分の三の立法部または憲法会議が改正案を批准しなければならない——、禁酒法などという馬鹿な憲法修正条項を成立させてしまった。結局、アル・カポネを儲けさせただけです。そうすると反省して、もう一度憲法改正をする。通常の法律よりも、もっと変えにくいものを変える。私は、そういう普通の人たちの学習能力はあると思っている。一見、洗脳されてしまうけれど、でもそれを「やりすぎた」と反省して、やり直す能力はある。これを信じるか信じないかが、民主主義を信じるか信じないかの岐れ目……。

香山 個人の中に学習能力はあると思うのです。でも、それが社会となったときにあるかどうか、ということですね。

井上 私はあると思う。それを信じない点に、私は護憲派の問題があると思う。憲法改正プロセスを発動して国民投票で国民の審判を仰ぐことを否定するのは、国民は馬鹿だという愚民観に立っているからというだけではなく、仮に愚かな選択をしたとしても、その失敗から国民が学習して、それを是正してゆく可能性も否定しているからでしょう。いまの安倍改憲案も、護憲派と同じで、私ははっきりいって改憲案になってはいないと思っている。つまり、戦力としての自衛隊をはっきり認めるといわずに、戦力の保有・行使を禁止している九条の二項を残したまま、三項で自衛隊を認めるとしたら、自衛隊は相変わらず戦力ではないという嘘をつき続けるわけだから。

香山 交戦権を認めないということもありますね。

井上 そうです。ですからいまの改憲派もいい加減なのですが、とりわけ護憲派、九条に指一本触れさせるなという人たちは何を恐れているのかといえば、要するに九条が重しになっていて、軍備増強や戦争準備に走らないでいる。これをいったん外したら、もう歯止めがかからなくなって、また軍国主義に戻るという宿命論なのです。仮にそういう傾向が出てきたとしても、国民が自分で失敗から学ぶ、学習してその傾向を是正する能力を、彼らは信じていないのだと思うのです。

香山　その場合の「失敗」とは何ですか。過去の失敗ということ？　それともこれから来たるべき失敗？

井上　いや、私は憲法改正イコール失敗とは思っていない。憲法改正の仕方によります。実は護憲派の欺瞞こそ重大な失敗です。はっきりいえば、自衛隊と日米安全保障条約の存在を、護憲派であれ、事実上認めているわけだから、専守防衛の枠内で。それなのに、修正主義的護憲派は、専守防衛と個別的自衛権なら、それは戦力ではないという。これもあからさまな解釈改憲です。原理主義的護憲派は、「戦力だ。だから違憲だ。違憲だけど、専守防衛であれば政治的にOKだから、このまま凍結しろ」という。違憲の烙印を捺し続けて、しかも違憲の事実を変えずに固定化することが憲法を守ることだというわけですから、これも護憲ということの意味を崩壊させている。

少なくとも専守防衛の枠だったら、自衛のための戦力の保有・行使はこれを認めるという護憲的改憲はやりなさいと私はいっているのですが、護憲派はそれすらしたくない。というのは、九条は少しでもいじると、昔の亡霊が、軍国主義の亡霊が復活するぞという、その恐れなのです。私は、それに根拠があるとは思っていない。何より、そうなるかどうかは護憲派もその一部である国民自身の実践に依存するという政治的責任意識が欠けている。九条に他力本願して、一切憲法には手を触れさせない。ですから憲法をめぐる熟議というか議論を、護憲派自体が封印しようとしているわけです。九条の問題はまたあとで別途議論したいと思います。

第四章

言葉が壊れていく

オルタナティヴ・ファクト

香山　第一、昨今政治の現場に流通している言葉って何のリアリティもないでしょ。安倍さんはついこの前、「私がいささかでも森友にかかわっていたら、もう議員を辞めます」といったかと思えば、次の瞬間には、「そんなこと言いましたっけ？」となる。まったく言葉というものが内容を持っていない。トランプもそうですけど、特に政治家、稲田朋美さんが、「スーダン派遣自衛隊の日報はありませんでした」といっておいて、一方それが出てくれば、「撤回します」ということで一切なかったことになるといった、言葉というものに対するある種の、重みも何もないではありませんか。

井上　オルタナティヴ・ファクト（もう一つの事実）もそうですね。いってしまえばいいので、それが嘘であってもいい。

香山　そう。嘘でもいいのです。

井上　自衛隊の日報で武力衝突があったと記録されていても、それが「法的には戦闘ではなかった」といってしまえばＯＫ。

香山　本当です。「嘘をついたもの勝ち」って、津田大介さんの新しい本の帯に書かれている〔『「ポスト真実」の時代――「信じたいウソ」が「事実」に勝る世界をどう生き抜くか』祥伝社、二〇一七年〕。

井上　それはでも、言いっ放しで済むというのはなぜかというと、結局、アカウンタビリティを真面目にとらないところからきている。この言葉は通常、「説明責任」と訳されていますが、これを私は「答責性」と訳しています。きちんと説明できないと首が飛ぶという、つまり制裁もあるという意味で。それがないと、政治家は本当に有権者に対して何かを説明しようという気を起こさないわけですよ。

いまの政治状況には、私は二つの問題があると思っている。一つは一強他弱。ほうっておいても、自民の支持率は落ちないという驕りです。これは今回〔二〇一七年六月・七月の世論調査〕支持率が低下し始めて、少し変わってきたと思いますが。それについていうと、有権者は、自民党を積極的に支持しているというよりむしろ、野党がバラバラでだらしないから自民党に頼るしかないと消極的に支持しているということでしょう。しかし、だからといってこの消極的支持を続けていたら、この一強の無責任化・傲慢化が進むばかりだということを、有権者も少しは理解して、世論調査の結果に反映されてきたと思っている。

そもそも、森友・加計問題レベルの政治的スキャンダルが浮上したら、政権のダメージ・コントロールということからいっても、安倍政権を守りたい連中だって証人喚問請求に応じなければだめなのです。そうしないとかえって、ぼろを隠そうとして、ぼろを出してしまうことになるから。ところが、ダメージ・コントロールをしようという意識もない。それはなぜかといえば、ダメージにならないと思っているからです。ダメージにならないと思わせているのは有権者の問題ですけれど、そこにはメディアの問題もある。

メディアの自由と護憲派

井上　さっき、問題は二つあると言いました。そのもう一つがいまいったメディアです。メディアが本当の意味で政権を批判し追及する装置としての役割を果たしていない。これはなぜか。『朝日新聞』も含めてそうなのです。この前〔二〇一七年五月〕国連人権理事会の特別報告者として来日したジョセフ・ケナタッチ〔法学者。一九六一― 年〕は、プライバシー権をめぐる調査でやってきたわけですけれど、去年〔二〇一六年〕表現の自由の日本における状況調査にきたのはデイヴィッド・ケイ〔法学者〕でした。彼が日本のメディアの問題を厳しく指摘した。

ケイは、正式の報告書を出す前に――正式報告書は今年の七月――、去年の四月に外国人特派員クラブで予備的所見を語った。その中でいっていたことは、問題があるのは法制面ではまず特定秘密保護法と放送法。特定秘密保護法により、調査報道で政府関係者に接するジャーナリストも処罰される可能性がある。放送法四条の「中立公正」違反と政府が認定すると業務停止命令の対象になると、所轄大臣だった高市早苗が発言したのですが、こういったことがものすごく萎縮効果を持っていると、ケイはいった。もう一つ彼がいったのは、アクセス・ジャーナリズム。「アクセス」とは、情報へのアクセスを開くということではなくて、メディアが有力な政治家や官僚、有力人物に特別なアクセスを持つことによって、オフレコ情報とかいろいろともらう。その代わり、本当に都合の悪いことは書かない。これが記者クラブ制度を通じて、大手メディアに、もうリベラルか保守かを問わず、日本のジャーナリズムに広がっている。それが本当に毅然たる批判的姿勢をとることを難しくしている。

＊ 放送法第四条
放送事業者は、国内放送及び内外放送（以下「国内放送等」という）の放送番組の編集に当たつては、次の各号の定めるところによらなければならない。
一 公安及び善良な風俗を害しないこと。

二　政治的に公平であること。
三　報道は事実をまげないですること。
四　意見が対立している問題については、できるだけ多くの角度から論点を明らかにすること。

その結果、日本のジャーナリストたちは、自分が属するメディアの自粛圧力にすごく統制されている。ショックだったのは、デイヴィッド・ケイが調査するとき、多くの日本のジャーナリストにインタビューを申し込んだそうです。すると、ほとんどのジャーナリストが、匿名を条件にしてのみインタビューに応じたということなのです。知られると首になるかもしれない、と。

匿名でインタビューに応じた記者の中には、福島原発のときに調査報道をして、一般にいわれているより事態は危険だといおうとしたら左遷されたという者もいたとのこと。この前の今村雅博復興相を辞任に追い込むきっかけになった、厳しい追及をした記者、彼は骨があったけれど、フリージャーナリストだったそうですね。

香山　そうです。西中誠一郎さんですね。日本の記者からは、「質問がしつこい。礼儀を知らない」として批判も出たようですが、日本で長く特派員を務めるデイヴィッド・マクニール氏〔アイルランド出身のフリージャーナリスト〕は、「彼は本来の仕事を果たした」と評価していました。

井上 あそこまでしつこく喰い込める記者は、大手メディアにはいないのですね。

香山 加計学園問題で、菅義偉官房長官に質問した『東京新聞』の望月衣塑子《いそこ》記者、ないといわれてきた、いわゆる「総理のご意向文書」を再調査するといわせたきっかけになったともいわれていますが、でもその後、菅官房長官に目をつけられてしまったらしく、「身辺調査をしろ」といわれているようです。しかも、記者クラブからも顰蹙《ひんしゅく》を買ったようで、和を乱したといわれたりしているらしい。

井上 これは私が前からいってきたことなのですけれど、このことには護憲派知識人にも責任があるのです。特定秘密保護法を、護憲派の長谷部恭男が自民党側の参考人として登場し、「緊要性あり」といって擁護したのです（緊要性とは緊急の必要性ということです）。

それから放送法四条の解釈問題もあるけれど、そもそもテレビ放送に対する許認可規制そのものの是非が問題です。私はこの問題に小林よりのりとの『ザ・議論！――「リベラルvs保守」究極対決』で触れたし、別の本でも論じていますが、放送の許認可制度の存在理由だった周波数帯の希少性という条件は、衛星放送やケーブルテレビが登場して以来、意味がなくなっている。にもかかわらず、それに代わる許認可規制の正当化の根拠を提供したのも、長谷部恭男です（『テレビの憲法理論』弘文堂、一九九二年）。民主社会では市民の誰もが知っておくべき「基本情報」というものがあり、それを提供する特別の責任を負うテレビ・メディアが必要だとして、地上波テレビ放送許認可規制を擁護した。何が基本情報かを国家権力が認定して、メディア規制をすることの危険性にあまりにも無頓着なので、私は批判しました（「情報化と憲法理論」『ジュリスト』一〇四三号、一九九四年。『法という企て』東京大学出版会、二〇〇三年、二一二―二一八頁）。その意味で、彼ら護憲派は九条問題で欺瞞的であるだけでなく、報道の自由やメディアの自由という他の重要な憲法価値についても、それを守るのに本当に一所懸命かというと、私はそう思っていないのです。

断片化する物語

香山　ジャーナリズムが衰弱しているということの最も根本的な原因は経済的な基盤の崩壊だと思いますし――例えば、『朝日新聞』の発行部数はピーク時の五分の三に落ちている――、それはこのネット社会が生み出したことに違いないのですが、同時に日常のコミュニケーションの場においても大きく変容を被りつつありますね。メディアやコミュニケーションの今後を占おうとするとき、これまでも話に出たＳＮＳの場、政治の場での言葉の軽さと言いますか、とりとめのなさとはなんなのか、これは避けて通れない問題のような気がします。

一つ、いえることとは、言葉から身体的な要素とか、そこで生活している場の空気といったもの、いうなればこれまで人の生に構造を与えてきた柱ともいうべきものがどんどん捨象されてきていることです。

すでにお話した発達障害も――これは一つのシンドロームであって、病名がつけられたから現象が存在し始めた面も否定はできないのですが――、ある関係の病、リアリティの歪みの一つであることは否定できないと思います。そして、この現象は、これだけ普及したスマホがもたらしているコミュニケーションの土台の基本的な変化と無関係ではないでしょう。

それから、さきほどらいの政治の場での話として出てきた言葉の軽さということ。それは政治的・思想的な対立軸の問題ではもはやない、ただ反射的に人を叩くためだけの、ほとんどゲームの上のバトルになってしまったという、思想レベルでのリアリティの希薄さでもあります。こうした一連の現象がすべて連環し合っているのではないか。つまり、個の内的なレベル、社会的なネットワークのレベル、そして政治のレベル、それぞれを貫いて現象してきているといえるような気がします。

例えば、生きているというリアリティの変容を語っているかもしれないと思われる例なのですが、統合失調症の最近の様相の変化があります。この病は、軽症化してきているといわれています。軽くなっている、と。私は、それがいいことだとは思っていない。これまでのような体系的な妄想を生み出す産出力が下がっているとしか思えないのです。つまり、被害妄想はあるのです。隣の人に見られているといった。私は、患者数そのものが激減しているとは思わないのですが、それが統合失調症なのか、うつ病なのか、発達障害なのか、ちょっとした神経症的なものにすぎないのかがわからない人がすごく増えているのです。

電車に乗っていると隣の人に見られている気がするといったこと、「いや、それは誰でもあるのじゃないですか」という感じなのです。昔のように、もっと聞かせて欲しい、「なるほど、なるほど」と言いたくなるほど面白くて、「それで、その先はどうなった？」といった、ある意味で奥行きのある、ダイナミックな妄想を抱えている人が本当にいなくなってしまった。

井上　それは、香山さんの長い臨床経験を通して、そう思われるということですね。

香山　統合失調症の軽症化は、二〇年ほども前からすごく大きなテーマになっているのです。軽症化といえば、いい方向だという感じを与えますけど、私が見るところ、語弊があるかもしれませんが、面白い妄想を語る人がいなくなった。妄想を構築するにも、その物語を語るにも、それなりの言語能力や思考力が必要だと思うのですが、それがもうばらばらになってしまっているという感じです。それを至極単純に、「軽症化している」といっていますが、私は軽症化とは少し違う気がしている。むしろ、妄想が非常に断片化している。

井上　それは、なぜなのですか。

香山　私などの見るところでは、生き物としてある種、劣化してきていると言いたくなってしまう（笑）。大げさな話と響くかもしれませんけど、それぐらい何かが変わってしまった感じがするのです。でも、そんな極端な話をしても出口がないから、そういうことをいうと社会決定論か技術決定論か、よくある議論になってしまうのが落ちなのですが。

でも、もしかするとネットやSNSの普及が、あるいは本を読む、文字を追うよりもヴィジュアルで見た方が何倍もてっとりばやいといったメディアの変化が、人間の思考パターンを変えているのかもしれない。なんだって絵一枚ですから。どんな山に向かおうと、食べ物を前にしようと、まず写メ撮る。インスタグラムというSNSは言葉もいらない。写真を撮って、それをあげていくという、ただそれだけ。あっても「ただいま、ご飯中」という一言だけ。ヴィジュアルの持っている情報量は圧倒的だし、そのインパクトはすごいけど、そこに何かを読み取ったり、読み込んだり、何かを構築していくというものではない。

しかし、テレビ・メディアの登場がすでにしてそういうもので、最近ではテロップ文化がすごいですね。出演してしゃべったことが一言でまとめられる。結局、その出来事の背後にあるもの、その意味ですね、それを知りたいというのではない。ジクソーパズルのピースのように、収まるべきところに収まってくれればいいということです。

井上さんが、思想的なバックボーンをもって、さまざまなニュアンスをこめて一〇分しゃべっても、つまり「やっぱり憲法は変えるべき」と言いたいのね、その一言（笑）。そんな仕方でしか理解できない。「いや、それだけではなく、いろいろなことをいっているのだ」と説明しても、「憲法は変えるべきだ」といっている、つまりは改憲派、じゃあ右ねとか。例えば、そういうことなのではないかと思うのです。とても時間をかけてゆっくり本など読んでいやしない。

井上　ジョン・ナッシュ〔数学者。一九二八―二〇一五年〕という、ゲーム理論でノーベル経済学賞をもらった学者がいます。プリンストン大学で研究生活を送るのですが、結局、統合失調症の症状がひどくて、教壇からは去った。学生と同じように、図書館でずっと研究しているうちに受賞となった。『ビューティフル・マインド』という映画にもなりましたけれど、彼の妄想では少女が出てくるのですね。首尾一貫したキャラクターとして、彼女が成長してくる物語を構想できる。

香山　そうです。

井上　そういうことが断片化しているのでしょうね。

香山　断片化するということは、人間の相当に深いところに発していることは間違いなくて、それは人間を厚みをもって、物語とともに捉えるということの座礁を意味しています。その結果として現象しているものを、すべてまとめて「反知性主義」といってしまえば一言で済む。

それにしても、自分の知らないこと、見たことのないことに対する、あの恥じらいのなさは衝撃的ですね。安倍首相もそうですけど。「あ、それ読んでない」とか、「そんなもの見たこともない」とか、「そんな学者がいうことなんて信用できない」という常套句。学者のいうことは信用できないかもしれませんし、「知」もいまや恥ずかしい言葉に属するようですけど、知的なもの、精神的なものの総体の権威の失墜、これはものすごいことだと思います。

井上　反知性主義という言葉はアメリカでも、トランプ以後に使われているけれど、これは最近の現象ではなくて、昔からあった。しかし、反知性主義というとバカなことをするというイメージですけれど、以前のアメリカの場合は本来反エリート主義を意味した。政治をエリートだけに任せられない、と。

香山　あの森本あんりさんの本『反知性主義――アメリカが生んだ熱病の正体』（新潮社、二〇一五年）では、反知性主義はいいこととして書いてある。宗教者になるためにはハーバードを出ていなければだめだといったふうに独占されていたのが、それに対抗して、大学出ではないけれど民衆に訴える説教師が出てきて、何万人もの人をうならせた。それが反知性主義だという、いまとは違う捉え方ですね。

井上　反エリート主義が、なぜ反知性主義になってしまうのかですね。

香山　そうですね。

王様は裸だ

井上　これは昔、西部邁《すすむ》〔経済学者、評論家。一九三九―　年〕がいっていたことですけれど、彼の大衆社会批判では、大衆と庶民とは違う、と。自分は大衆の専横は批判するが、庶民の感情というものは非常に大事だと思うといった。伝統的な庶民の生活の中で培われてきたものは大切だ、と。大衆というのはそうではなく、ある意味では情報通だ、と。メディアから情報を仕入れ、世の流れと思うものにすぐ飛びついて、それでいろいろなものを叩きたがるという。それとは違う庶民は、実生活の経験に根ざして、「訳のわからないことをいっているけど、それで本音はどうなのよ?」ときちんと訊いていく。そういうことは重要だと、私も思っているのです。

なんだかんだと安倍首相とその取り巻きは言いくるめているけれど、どうしたって加計学園の問題はおかしいじゃないか、と。岩盤規制に穴を開けるための例外措置だといったけれど、その例外がなぜ加計ありきで、最初から決まっていたのか、そこが問題なのに、論点をごまかしまくるでしょ。そもそも規制に固執していた獣医団体が悪いと責任転嫁して、竹中平蔵〔経済学者、政治家。一九五一―　年〕だとか、ああいう経済学者たちもそちらの方に論点をそらそうとしているよね。

香山　獣医学部を全国に作るなどと、前とはまるで違うことを言い出して……。

井上　竹中が学者なら気づいてしかるべきなのだけれど、論理的におかしいでしょ、これは。そもそも規制がよくないのは、そこに無差別公平性がなくて、政治家を動かす力をもった特定の業者・業界が恣意的に保護されるからです。規制に穴を開けるために、例外的措置をとるというのは自壊的な主張で、「例外扱い」に政治的恣意が入り込む余地を与えてしまう。

さらに例外措置の適用で、他の申請者が排除されるような「はじめに加計ありき」の方向で事が進められたのは、「例外的特権の中のさらなる例外的特権」を与えるもので、二重の恣意がある。規制緩和の是非と加計問題はまったく別問題です。でもこの本来違う問題を、学者たちが一緒くたにして論じる。そこでは一見、難しい言葉で説明しているように見えるけれど、庶民の感性から見たら、何かおかしい、と。「お前ら、なんか変じゃないの？」と。こういう庶民の感性は大切だと思うのです。

香山　いわゆる裸の王様ではありませんが、王様は裸だということは大切なことですし、落語の『薬缶《やかん》』で、ご隠居の知ったかぶりに、庶民の八五郎が突っ込むという、「無学者、論に負けず」というお話でしたという落ち、それこそ庶民の知恵で、それはとてもいいことだと思う。でも、一応はそれまでに蓄積されてきたものを尊重することも必要ではないですか。グーグル・スカラーという、さまざまな論文が見られるサイトを開くと、「巨人の肩の上に立つ」と書いてある。ラ・ロシュフコー〔フランソワ・ド。モラリスト。一六一三―八〇年〕の言葉のようですが、学問というものはこれまでの蓄積から生まれた巨人の肩の上に、自分はちょこっと立たせてもらうようなものだ、ということ。その知の蓄積の上に、小石を一つ置かせてもらうといった意味だと思う。

その巨人を、「いや、そんなの見たことない」、「私は知らな〜い」と屈託なくいわれたら、身も蓋もない。学生に、井上さんもいっておられると思いますが、「まずは先行研究をきちんと調べて、その上で自分の考えを書きなさい」とは教師なら誰もがいうことだと思います。しかしいまは、それがまるで通用しなくなっている感じです。学生はそれでも、立場上仕方ないからそれに適応しようとするけど、もう社会で現場を持っている大の大人が臆面もなく、「そんなの見たことがない」、「知らない」と一言で片づける、それこそ安倍晋三的なるものです。

それを思うと、社会が学習して成熟していく、弁証法的に段階的に進歩していくということを、まったく信じることができないような状況にいま、なってしまっている。

消される記憶

井上　私はやはり失敗から学習するということは信じたいのです。信じたいのだけれど、そこでの人間の限界とは何かといえば、同じ失敗を繰り返すということ、そして過去の失敗の体験をすぐ忘れてしまうということ。

香山　しかも、それが一回では済まない。一回の失敗ではだめかもしれない。ブラック・ジョークですけど、原発もあと二基ぐらい爆発しなければ、もはや学べないのではないか。

井上　ここで話は少し脱線しますけれど、藤井聡太君といういま話題の一四歳の棋士がいますね。彼は、将棋のできるＡＩ（人工知能）のソフトを使って学習してきた。ＡＩは将棋やチェスで完全に人間に勝てるようになりましたが、ここに至るプロセスは完全な試行錯誤なのです。ＡＩの将棋能力を育てる方法は、無限の可能性のある打ち方から確実に勝つ戦略を、前もって決定しようとしても無理だから、ある程度のプロ棋士の棋譜を入力した後はランダムにやらせる。その試行結果について、ここで優位に立った、あそこで不利になった、この手が敗着だった、何手目で負けた、ということを記憶させていく。それを、何百万回もＡＩ同士でやらせて膨大な「経験知」を蓄積させる。ですから、方法は試行錯誤で、失敗からの学習なのです。しかし、人間は過去の失敗をすぐに忘れる。同じことを繰り返す。人間に比べてＡＩがすごいのは、そこなのです。過去の失敗の情報が網羅的に記憶されて、それが膨大なものになるから、たちまち成長する。

香山　喉元過ぎれば、なんてないですものね。その集積された記憶から、ある時点でブレークスルーするわけですね。でもブレークスルーしたことの意味は表現できないようですね。

井上　なぜだかはわからない。あの一四歳の少年も、連勝記録が途切れる寸前までいった対局があって、それを桂馬の一手で形勢逆転したのですが、それは直感だったといっている。相手のミスに助けられたのかもしれないが、相手がミスするかどうかは確実にはわからない。でも、私はそういうものだと思うのです、人間の知性の限界というのは。

　事前の熟議は必要条件だけど十分条件ではない。失敗する可能性は残る。要するにそれをやってみて、事後的に査定して修正するプロセスが必要です。そして、「これではだめだった」という記憶を蓄積していく。問題は一人ひとりの人間は忘れやすいということなのだとすれば、大切なのはやはり歴史でしょう、記憶を伝承していくという意味での。ベトナム戦争のことも、もう忘れてしまっている。だから、イラクで同じことをまた繰り返す。

私がショックだったのはマーサ・ヌスバウムです。京都賞を受賞した女性の哲学者。二〇一三年に出た彼女の『政治的情念』（*Political Emotions*, Harvard U.P., 2013）の原書を去年、私のゼミで読んだ。全体として散漫で冗長な感じがしたのですが、彼女の主張は、政治には理性的熟慮だけではなく、エモーション、情念も重要だということなのです。情念といえば、すぐ反知性主義と捉える必要はない、と。一言でいうと、正義は愛がなければうまくいかないと、そういう話なのです。よきエモーションを作るためには、オペラや音楽だけではなく、空間の設計も重要だということで、ベトナム戦死者記念碑（Vietnam Veterans Memorial）の話になる。

ベトナム戦争の米国人戦没者慰霊碑。ワシントンのモールの端の方にあって、私も三〇年ほど前に行った。光沢のある黒い花崗岩でできた長く続く壁に、戦死したアメリカ兵すべての六万人に近い名前が彫ってある。一方、アメリカの侵略戦争で殺されたベトナム人の数は、南北両ベトナムで、兵士が一三〇万以上、民間人が約二〇〇万、総計で三〇〇万人以上です。このメモリアルでは、彼らベトナム人のことは一切、なんにも触れていない。死んだ兵士の名を見つめて目頭を押さえる訪問者を見て、私は、彼らの悲しみの磁場に引き込まれそうになりながらも、この磁場が隠蔽する巨大な悲惨と犯罪を思うと、おぞましくなってその場を立ち去りました。

ところがマーサ・ヌスバウム、日本でも大受けのこのリベラル・フェミニストの大家が、このベトナム戦死者記念碑について批判的に書くと思いきや、なんと褒めまくっている。黒光りする石は顔を映します。だから、そこを訪ねた人たちの自省を促す、と。ベトナム戦争についてはいろいろな意見や対立もアメリカ国内にあるけれども、しかしこの死んだ米国兵たちの名前を見ながら、そこに自分の顔が映し出されて、訪れたみんなが自省をしていく、ここはとてもいい場所だという。しかし、名を刻まれていない三〇〇万人以上のベトナム人の殺戮については一切触れない。自ら触れないだけでなく、この慰霊碑がそれに触れないことの問題性にも一切触れない。この本で再三、この慰霊碑に論及しているにもかかわらず。

私は、ロールズを含めて、いまのアメリカのリベラルな知識人がいかに堕落しているかということを『世界正義論』で批判していますが、あのマーサ・ヌスバウムにして、このありさま。これは要するに米国人の国民的ナルシシズムです。このレベルの哲学者ですら、記憶の伝承が意図的に歪められているのです。

香山　まだ歪められる程度ならいいですけど、日本では歴史の修正ですね。絶対に「日本は戦争に負けていない」という人、「絶対に勝ったんだ」と信じて疑わない人がいる。

井上　過去の戦争もそうだけれど、近々一〇年の短期の記憶すら蓄積されていないと思う。これも『世界正義論』に書いたことですが、アメリカの中東政策の一つを解読しようとすれば、そんなに長期にわたる難しい記憶の想起はいらない。

まず、一九七九年にホメイニ革命が起こって、それまでの親米パーレビ（パフラヴィー）王朝を打倒し、反米政権ができた。その革命のごたごたに乗じてフセインが支配しているイラクがかねてから国境紛争のあったイランに攻め入り、八〇年にイラン・イラク戦争が起こる。このときフセイン体制はバース党のクーデターで権力奪取してからまだ時間が経っていなくて不安定だったから、要するに「対外硬、内に憂あり」で戦争を始めた。

このときアメリカは無差別戦争観の立場をとって、イスラム諸国の紛争にアメリカは中立であるといっておきながら、陰でフセインのイラクを支援したのです。反米ホメイニ政権を倒して欲しかったから。そのために膨大な資金と武器を提供した。それでフセインは確固たる国内的な権力基盤を築くことができた。

ところが一九九〇年のイラク・クウェート戦争では、イスラム諸国の紛争で先制攻撃したのもフセインだという点でイラン・イラク戦争と同じであるにもかかわらず、手のひらを返したように、ここは国連を動かして懲罰した。二〇〇三年のイラク戦争では、フセインがどこも侵略していないのに、もはやアメリカにとって邪魔者になったということで殺した。

一九八〇年、九〇年、二〇〇三年、わずか一〇年周期で見せられたアメリカの二重基準どころか三重基準、少しでも想い起こせばそれは明らかなのに、でも、その記憶がない。酷いことに、一九九〇年を第一次湾岸戦争と呼んでいる。最初に Gulf War（湾岸戦争）といったのはイラン・イラク戦争のときだったのに、その記憶がもうない。私は、湾岸戦争は三つあったといっているのですが、その認識すらない。戦前の記憶どころか、戦後の現代史の記憶すら、いたって簡単に消えていく。

歪められる事実

香山　佐々木敦さん〔評論家・雑誌編集人。一九六四―　年〕がいっていることなのですが、グーグルで検索すると、五〇年前のことも、二〇年前のことも、昨日のことも、同列に出てきてしまいますね。そこでは、時間を距離で測るということがなくなってきている、と。年表の上で、この辺りに第二次世界大戦があって、東京オリンピックはこの辺りで、という距離の感覚がまったくわからなくなってきているのではないか、と。

昨日起きたことも、一〇〇年前に起きたことも同列に等距離に出てくるという指摘なのですが、それは忘却のスピードが速くなったということなのでしょうが、一方で、フランスでは「忘れられる権利」を訴えている人たちがいますね。つまりネットがあるからいつまでも自分の過去の失敗が残ってしまう、と。それもありますね。いつまでも昔の失言を取り沙汰されたり、他方に安倍さんたち政治家のように、たしかにいったのに、いっていないと平然といってのける人たちもいたりということで、記憶や時間といった概念も、これまでと違うものになってきているような気がしますね（笑）。

井上　アーカイブがなくなるかもしれませんね。紙のアーカイブは、もう誰も見ようとしない。ネット上に、何かあれば簡単に捏造《ねつぞう》されてしまうという……。

香山　永井均〔哲学者。『存在と時間 哲学探究1』。一九五一―年〕さんの時間論ではありませんが、広い意味で大森荘蔵さん〔哲学者。『時間と存在』『時は流れず』。一九二一―九七年〕の流れを汲む人たちがずっとやってきたような時間論、それも変質してきているような……。

井上　過去は存在しない。現在しかないといった……。

香山 フランシス・フクヤマ〔政治学者。一九五二―年〕の『歴史の終焉』も、時間意識の変容の現れ……。

井上 あれは「過去がない」というよりは、人類の思想闘争の歴史が終わった、リベラリズムを最終勝利者として、というのが主意ですね。もう済んだのだ、と。

古くさいといわれそうだけれど、ジョージ・オーウェル〔作家・ジャーナリスト。一九〇三―五〇年〕の『一九八四年』で、皮肉なことに主人公のウィンストン・スミスの勤めているところが'the Ministry of Truth'、真理省なのです。新聞報道をはじめ過去の記録はすべて、権力者が方針を変える度に、書き換えられてしまう。スミスの仕事は、いちいち過去に遡って、いまいっていることと整合するように記録を書き換えること。そうすると、もう何が本当の記録なのか訳がわからなくなってしまうわけですね。いま書き換えているのも、すでに過去に書き換えられたものであるわけで、書き換えられる以前のものが真実かどうかもわからない。これは一つの誇張だけれど、記憶がそういうふうに修正に修正、編集に編集を重ねられていって、何がオリジナル・ヴァージョンなのか、何がヴァージョン2なのか、それすらもわからなくなる。

ですから、私は解釈を要するような歴史観だとか、そういうレベルの話ではなくて、シンプル・ファクト、誰が何年何月にこういったということ、こういうことをきちんと記録する、それを共通のデータベースとして蓄積していく、そんなアーカイブが必要だと思っている。

それに関して私が評価しているのは、たびたび引用してもいる楊井人文《やないひとふみ》〔弁護士・ジャーナリスト。一九八〇— 年〕です。日本報道検証機構を立ち上げた男です。慶應義塾大学を卒業して、産経新聞社に勤めるのですが、いやになって辞めて、慶應のロースクールに入り直して——この時期に、私の慶應での出講授業の学生でもあった——、弁護士になる。新聞報道被害者を救うということから始まって、日本報道検証機構を立ち上げ、代表理事になる。そこでいまやっていることは何かというと、憲法問題をはじめ、政治家や学者のさまざまな問題についての過去の言説をしっかりと記録に残していくということです。

その記録でみていくと、小林節〔法学者。一九四九— 年〕などは、いっていることがころころと変わっていることがわかる。二〇一三年に、「集団的自衛権も改釈改憲でOKだ。内閣法制局長官が反対するなら、首相が人事権を発動すればよい（クビを切ればいい）」などといっていた。それがいまや護憲派と同じことをいっている。政治家だけではなくて、知識人のアカウンタビリティも追及するべきだと私は思うけれど、そのためには、シンプルなファクトを、何年何月何日に誰が何をどこでいったかという、これは歪められてはいけないものとして共有するデータベースをつくる。小さいけれど、それをやろうとしているのが日本報道検証機構なのです。
　この機構が指摘した報道の歪みの一例を挙げれば、この前の参議院選挙〔二〇一六年〕で衆参両院で初めて改憲派が三分の二を取ったと各紙・各テレビ局が報道した。これ嘘なのです。公明党を入れれば、もっと以前からすでに三分の二なのです。公明党の加憲論〔憲法の既存規定は維持しながら、新しい条項を加えていくという立場〕は以前からのものですが、いままで改憲派に入れていなかっただけ。しかも公明党を入れたときの勢力は、過去の方がもっと大きかった時代もあった。なのに、こういうことをいう。そんな事実誤認の記事を、新聞ですら、きちんとチェックせずに報道してしまう。価値判断には、もちろん先鋭な対立があるし、あっていい。しかし、事実的データは歪めずに議論の共通前提として保存し尊重しなければいけない。この最低限の規律ですらいま、トランプのオルタナティヴ・ファクトを批判するメディアが厳格に守ろうとしていない。
香山　これほどの動画時代になって隠しようもなくなっているのに、歪められるというのはすごいことですね。
井上　歪めても、誰にも叩かれないと思っているからですよ。安倍政権にもこの開き直りが顕著に現れている。一強多弱でこの政権がいかに傲慢化し、無責任化しているかということは加計問題でも明らかですね。

あれは庶民から見ても酷すぎるではないですか。しかも、文科省の前事務次官が内閣府から圧力があったといっているのだから、それを嘘だというなら、本人が証人喚問に応じるといってるのだから、さっさと証人喚問すればいいではないですか。証人喚問を拒否しながら、他方では叩いているというのは、これはまったく庶民の目から見てもおかしい。

さらにショックなのは、伊藤詩織《しおり》さんの事件。フリージャーナリストだった伊藤さんがレイプされたとして、自分の名前と顔写真を公表して、当時TBSのワシントン支局長だった山口敬之を告訴した事件ですが、安倍総理をよいしょする本の著者だった山口敬之に対して、準強姦容疑で逮捕状が出たのですよ、所轄の高輪署が裁判所から得た。それなのに、警視庁の上層部が介入して、逮捕状執行が抑えられるという異例の事態が起きている。逮捕しないで家宅捜索しても証拠が出てこないのは当然でしょう。それで検察も不起訴。こんなのありかよ、ってことですね。伊藤さんは、検察審査会に審査請求しましたが。日本に法の支配が本当にあるのかが、いま問われています。

第五章
自由の十字架

差別との闘い

香山 例えば、アメリカは自分たちで黒人差別を乗り越えるために、さまざまに歴史を作ってきたわけですけど、だからこそなのか、逆にそういう問題を社会運動や理性の力で乗り越えられるのだという一種の自信があって、人権の問題や、いまでしたらＬＧＢＴの人たちの権利とか、そういうことに対する……。

井上 アメリカから学ぶべきことがあるとしたらそこなのです。ただその道程は長かった。南北戦争の後、リコンストラクション（再建期）と呼ばれる時期に、合衆国憲法修正一三条*で奴隷制を廃止して、修正一五条**で人種による参政権の差別を禁じた。それにもかかわらず、実際にはどうだったかというと、黒人は投票できなかった。州レベルでの選挙人登録の段階で、識字能力や人頭税の支払いが登録資格条件とされ、これらは建前上は白人にも適用されるので、人種差別ではないとされましたが、実質的には黒人を標的にして彼らの参政権を奪うものでした。黒人が本当に選挙権を行使できるようになったのは、公民権運動（Civil Rights

Movement）の成果の一つである一九六五年の投票権法（Voting Rights Act）によってでした。要するに南北戦争で奴隷制を廃止した後、さらに一〇〇年かかっているのです。一〇〇年をかけて、こういう立憲民主主義をまともにするという運動をしなきゃならない。一挙にはできない。アメリカは理想を実現するために日夜努力しているというけれど、実は欺瞞的にやってきたわけです。でも、それを一〇〇年かけて、やっと是正している。

＊アメリカ合衆国憲法修正一三条

一　奴隷及び本人の意に反する労役は、当事者が犯罪に対する刑罰として正当に有罪の宣告を受けた場合以外は、合衆国内又はその管轄に属するいかなる地域内にも存在してはならない。

二　連邦議会は、適当な法律の制定によって、本条の規定を施行する権限を有する。

＊＊修正一五条

一　合衆国市民の投票権は、人種、体色又は過去における労役の状態を理由として、合衆国又は州によって拒否又は制限されることはない。

二　連邦議会は、適当な法律の規定によって、本条の規定を施行する権限を有する。

香山　ですからそこには自然の流れ、自然過程でそうなったということではなくて、人為的な力を加えたりしながら、女性差別撤廃や男女平等などを……。

井上　男女平等だって、アメリカ憲法の中で性による参政権差別を連邦憲法が禁止した修正条項*が入ったのは一九二〇年ですよ。二〇世紀に入ってからです。そういう意味ではごく最近まで不平等状態は放置されていた。彼らには、自由と平等という理念が歴史的に血肉化しているなどということは嘘です。ただし、欺瞞が大きい分だけ欺瞞を隠すために自由・平等とい理念へのリップサービスはたっぷりはらわれる（笑）。

香山　そうそう。そうですよ。

＊　アメリカ合衆国憲法修正一九条
一　合衆国市民の投票権は、性別を理由として、合衆国又はいかなる州によっても、これを拒否又は制限されてはならない。
二　連邦議会は、適当な法律の制定によって、本条を施行する権限を有する。

井上　その欺瞞がだんだん暴露されてきたときに、それを是正しようとする運動も出てくるということです。その運動が始まったときには、公民権運動だってそうですが、ある種のモメンタム（弾み）が一挙に盛り上がることがありますね。例えば同性愛者の権利もそうです。ショッキングな事実を挙げると、一九八六年のバウアーズ対ハードウィック事件に対する連邦最高裁判決なのですが、これは何かというとジョージア州の反ソドミー法を合憲だとした判決です。反ソドミー法は、建前上は同性愛者差別ではなくて、異性愛カップルでもオーラルセックスだとか、アナルセックスはだめだということになっているけれども、明らかに同性愛者がターゲットの法律です。その時点でアメリカの州の三分の一が反ソドミー法を持っていた。二〇世紀の終わり近くになっても、人権保障の砦たる連邦最高裁がこんな判決を出すのですよ。同性愛行為そのものを罰する法律を合憲とする判決です。

それが十数年後の二〇〇三年、同性愛者の権利擁護運動の高まりの結果、ローレンス判決が出る。ここで、やっと最高裁も反省して、判例を覆しました。だから反ソドミー法はもう違憲になった。そうしたらその後、今度は同性婚承認を求める運動が起こってきた。そして近年、同性婚を禁止する州法は違憲だという判決が出ました。

香山 そういう権利を社会的にクリティカルに闘って、かちとるということ、そこはすごく学ぶべきというか、少なくともそこまで否定することはできない。

井上 しかし、そこに辿り着くまでには犠牲者も出ています。マーティン・ルーサー・キング〔公民権運動の指導者。一九二九―六八年〕も殺されたし。同性愛者のハーヴェイ・ミルク〔同性愛者の権利活動家。一九三〇―七八年〕も殺された。自由を求める闘いの道程は長く、その道を歩む者は重い十字架を背負わされます。

平等への反動

香山　ただそれがいま、私などが一番危惧するのは、トランプ政権になって、一気にまたメラニア夫人のドレスファッションに象徴されるような、トランプがドレスライフ・フォア・ウーマンなんていったりしているような、保守的な価値意識に回帰していくように見える。これまで悪戦苦闘してかちとってきたものが、なし崩しになっていく。すると、やっぱり人はそういうこと、差別撤廃や被差別者の解放などは嫌だったのだといった、本音では違ったのだといった、正直な実感に戻ろうぜといったような流れが出てくる。でも、その「本音」で生きるのはよくない、と。本音はどうであれ、とにかく男女は平等でなければいけないし、人種による差別をしてはいけないといわなければならない。本音に流され、あるいは自然に生きるのではなくて、これまでずっと常に闘争し、権利としてそれを獲得してきたものなのだと言い続けなければならないという気がする。「そんなことといったって、やっぱり本音じゃこうだよね」という方向に流されていってしまうのではないかと恐れています。

井上　同性婚は認められたとしても、同性愛者のコミュニティとは住み分けるという感じだと思いますね。社会的な不寛容はなお残るでしょうしね、やっぱり。

香山　ただその点で、アメリカに学べるかどうかはわかりませんが、少しずつ少しずつ、とにかく闘ってかちとって、変わっていくということの一つのモデルに、やはりアメリカはなっていると思います。

最近の話ですが、日本でも「東京レインボープライド」というイベント・ウィークがあって、代々木公園で五月の七日と八日〔二〇一七年〕にそのフェスティバルがあったのです。あらゆる差別に対する禁止をいう人たちもブースを出したりしているので、私もそこにはよく行くのですけど、年々盛んにはなってきています。もう一つ、渋谷区も同性パートナー条例といって、戸籍上のことではないけど、証明書を発行することで、いろいろな場面で結婚と同じように扱われるというサービスを始めている。だんだん変わりつつあると思います。

井上　闘い方には実はいろいろと問題はあるのですけれどね。一つは違憲審査制、これはかなり強力な武器だけれど、でもそれでいいのかという問題もある。米国だとわずか九人の最高裁裁判官、しかも選挙で選ばれたわけでもない人たちが、トップダウンで、こうした国論を真っ二つに分断するような問題に対して決定をくだすということ、これに反対する人たちもいるのです。もう少し地道に、すぐに結果は出なくても、偏見あるマジョリティをだんだんと説得していく。いろいろな州レベル、連邦レベルでの立法によって実現していくべきだという人も同性愛者の権利を擁護する論者の中にいるのです。司法に委ねたら、裁判官たちにリベラルな人が多ければいいけれど、そうでなかったら逆のことをされてしまうわけですから。

香山 そうですね。裁判のことを、私はよく知らないのですが、例えば夫婦別姓の問題でも、見えないところで恣意的な判断がなされている可能性が……。

選択的夫婦別姓

井上 実はその辺り、お聞きしたいと思っていた謎があります。「日本の不思議」です。同性愛者に対して日本ではオカマといって、茶化すようなことはあるけれど、反ソドミー法に当たるような刑罰でもって罰する類のことはしていないでしょ。アメリカはなぜ、それまで厳しかったかというと、やはりキリスト教です。宗教的なバックグラウンドがあるから、徹底的に刑罰で罰する。イギリスでも、同性愛者に対する刑罰が廃止されたのは一九六〇年代になってからです。売春の脱犯罪化とセットでなされました。やはり宗教的な背景がある。

日本では同性愛者に対する宗教的なタブーは弱い。わりに寛容ですね。おねえ的なキャラの教育評論家まで出てきている。アメリカだったら、教育にかかわる人が「クイアーな（変態っぽい）奴だ」と見られるとすごく叩かれます。日本ではなんにも変に思われないでしょ。

ところが、家族制度に関しては、選択的夫婦別姓について、なぜあれほど不寛容なのか。「選択的」ですよ。それぞれ同姓なら同姓、別姓なら別姓でやればいいじゃないですか。その選択的夫婦別姓ですら「だめだ」という。政治家もそうだけれど、世論がそうなっている。世論の反対が圧倒的に多いから、政治家もこれを政策化できない。政党も動けない。これってアジア的価値でもなんでもないのです。儒教圏は中国も韓国も伝統的に夫婦別姓ですからね。それで家族の価値が崩壊したかというと、していない。根拠がまったくないにもかかわらず、なぜ選択的夫婦別姓ですらだめだということになるのだろう。この不寛容の基盤はなんだろう？

香山　最高裁判決の段階にきて、いきなり「家族の絆」という言葉が出てきました。高裁の段階までは、そうではなくて、女性の社会的不利益とか仕事上の不利益とか、そちらの方が争点になっていたのに、いきなり「家族の絆が崩壊する」といった議論が、最高裁判決で出てきたのです。いま、憲法二四条*に「家族は社会的な最小単位」で、という文言を入れるとか入れないとか、自民党がいっていますけど、いわゆる日本会議的な「家を守る」といった志向を、どこかでなんとかして復活させよう、あるいは手放したくないという願望があるのではないでしょうか。

それから小さな政府という選択と関連して、福祉は削らざるをえないという方向で、ともかく家族で、苗字を同じくする人たちで、社会保障に相当することを、どうぞ自助としてやってください、ということもあるのではないでしょうか。家制度にまつわる精神的なものを大切にしようとする復古調の人たちの声と、社会保障をとにかく削減するために、国が面倒を見ることをあてにしないで、自分たちの自助努力でどうぞということとの、両方の理由があるような気がします。

＊　日本国憲法二四条・改正草案
家族は、社会の自然かつ基礎的な単位として、尊重される。家族は、互いに助け合わなければならない。

井上　社会保障を削減するために、家族に委ねる？　仮にそういう狙いがあったとしても、選択的夫婦別姓にしたら家族の絆がなくなるという根拠はないですよ。

香山　それはないと思います。

井上　なのに、なぜそれを信じるのだろう？　それは逆に家族の絆がない、あるいは弱まってきているからではないかな？　姓を共有していることしか絆がないから、せめて、と。一緒に食卓を囲むことすらないでしょ、孤食が進んでいて。家族が同姓というのは、家族の実体では

なくて、ただのシンボルにすぎないですよね。シンボルだけ守っておけば、実体が守られたかのような、願望志向ですね、これは。

香山「選択的」なのだから、もし結婚して旦那の苗字になるのが幸せだと思う人がいるなら、どうぞという話じゃないですか。やっぱり男性の方が怖《こわ》いのではないですか？ もしかしたら、うちの妻が急に「私は、これからあなたとは違う苗字を名乗らせてもらいます」といわれるのが怖いのではないか。多くの男性は、「うちにかぎって、そんなことはないんだよ」なんて頭から否定しようとする。本当は、女が何を考えているのか、妻が何を思っているのだろうかと、すごく気にしている。これは、男性批判になって下世話な話になるから、あまり言いたくないのですが、むしろ進歩的で女性の社会進出ということを口にする男性ほど、「あなたの奥さんはどうですか？ あなたの家ではどうですか？」と尋ねると、途端に「うちのはそんなこと、考えていないですよ」と答えるのです。現在の政治情勢について、それこそ安倍政権がどうこうという話をしていて、「それじゃ、例えば奥さんはどう思っているのですか？」と訊くと、「いや、うちのは馬鹿だから、そんなこと関心ないですよ」と決めつけるのです。謙遜しているのではなく、本当に知らない。妻という存在はそういうものであることにしておきたい。そんなところに、男性の恐怖心のようなものを感じてしまう。妻は社会的関心もなにもなく、おいしいものを食べて、面白いドラマを見ていれば幸せという女だと思いたい。そうでないと、俺自身が脅《おびや》かされるといった反応の仕方だと思う。

妻の側はどうかといえば、社会的な関心のある人はたくさんいます。私の診察室にやってくる人たちも、女性ってある意味ですごく意識が高い。ネットも見ていれば、きちんと新聞も読んでいて、たとえ専業主婦でもいまの政権がどうかということも含めて、いろいろ考えている。夫の方はどうか。「旦那さんとはそういう話をしますか？」と尋ねると、ほとんどは「まったく話さない。聞いてくれない」という。まったく知らないのです、妻が社会的に目覚めた存在であることを。ですから、妻がいきなり「ボランティアに行きたい」とか、「デモに行きたい」、あるいは「ママの会を始めたい」というと、夫は本当にびっくりするようです。

変わる男女関係

井上　昔、日本的経営華やかなりし頃、「専業主婦と会社人間の寂しい共生」という規定を、東京大学社会科学研究所の大沢真理〔経済学者。一九五三―　年〕が使っていたことがありました。

それがいわれていた頃、巷に流布していた話なのですが、夫が妻に対して、「お前なんか社会のことなど何も知らないのだから」と偉そうにいうと、妻が「何いってるの。あんたこそ会社のことしか知らないくせに。私はＰＴＡにも出てるし、ニュース番組もよく見るし、私の方が社会のいろんなことをよく知ってるわよ」と言い返される。夫は「会社人」であって「社会人」じゃない。妻の方が「社会人」だというわけです。ただ、それから時が経過して、いまや、この話はノスタルジー。専業主婦というのは実はもう贅沢なステータスになっている。

香山　そうです。

井上　いまじゃ、パートどころかフルタイムで共稼ぎをして、やっとローンが払える、子どもが大学へ行くまでの教育費が払えるという状態。妻の方も、いろんなものに触れて知識を仕入れる余裕がない、生活に追われてしまっていて。自分の関心を広げるということは、なくなってきているのではないかと思われますね。

香山　いまは——私は女ですから、つい女性を身びいきしてしまうのは仕方ないとして——、診察室を訪れる女性には、「こんな社会がこれからどうなるかと思うと、不安で、気持ちが病んでしまう」と訴える人がいる。それに対して、男は絶対に——というと言いすぎかもしれませんけど——、会社の中での同僚とのもめごとだとか、ごく身近なこと、くだらないといえばくだらないことが、ストレスになっているという人が多数です。女性の方が、「トランプさんのような大統領が誕生して、呆れるよりも、テレビなどを見ていると眠れなくなった」という。むしろ社会の問題に端を発して、それを個人の問題として受け止める。あるいは身体を通して考える。無理もない、「それは当たり前ですよ」と同調してしまう。むしろ意識差をいうなら、女性の方が高くなっている。

井上 アメリカの社会だって私たちが子どものときは、「パパは何でも知っている」「うちのママは世界一」といったホームドラマがあったじゃないですか。家族の中心は、やはり専業主婦と会社人だった。あれは一九五〇年代の家族で、六〇年代ぐらいからだんだんそれが崩れ始めて、七〇年代にウーマン・リブという運動が展開されて、そんな経過の中でアメリカにおける男女の関係、夫と妻との関係は、革命的に変化を起こしていくのです。私の留学時代にお世話になったジョーンという前に話した女性は、子どもを四人育てた。アイルランド系カトリックとポルトガル系カトリックとを両親にもち、自分にも兄弟が多かった。

香山 クリスチャンホームなのですね。

井上 信仰深いというのではないけれど、カトリックの子沢山の伝統の影響はあると思います。子ども四人も、専業主婦として、頑張って育ててきて、私が出会った頃は、子どもたちが独立して離れたときでした。大学出ではなかった彼女がハーバードの夜学に通い始め、学位を取った。その後もハーバード付属の専門学校に通い、語学が好きで一所懸命勉強していた。

私が会った頃は、もう家族のために料理はしないし、食事は夫も自分もお互い好きなようにすませるという生活になっていた。家族が集まるクリスマスとサンクスギビング・デー、そのときに七面鳥を焼いたりするけれど、それ以外は滅多に料理をしない。そのとき彼女は五〇代でしたが、ウーマン・リブが自分の世代の女性の意識を変えたと、彼女はいっていました。

香山 夫もそれを許容する?

井上 それは当たり前だと、もうなっちゃっているのですね。日本も男女の関係ってどうなのでしょうね。変わるとしたら、段階的に徐々に変わるのか、革命的にカタストロフィックに変わるのか。

香山 男女の雇用機会均等法ができたのが八六年で、あの頃に関係そのものも変わるのではないかと思われていたのですが、その後ジェンダー教育のようなものが登場したり、バックラッシュのようなことが起きました。石原慎太郎的なものもそうですし、ポップカルチャーのシーンではAKB的な、「やっぱり女は若くて可愛いのがいいよね」といった感性も急に復活してしまった。二〇一六年に、HKTという博多のAKB系の一つのグループが歌った、秋元康さん作詞の「アインシュタインよりディアナ・アグロン」という曲が、「難しいことは、なにも考えない。頭カラッポでいい。……女の子は可愛くなきゃね。学生時代はおバカでいい」というような歌詞だったのです。これはさすがに問題になりましたけど。

トランプの本音主義ではありませんが、やっぱり女って「可愛い」方がいいんじゃないの、本音でいえばっていう空気が広がっているようです。さきほどいわれたように、いまは専業主婦になるのがすごく贅沢なことだという時代ですから、女性の方にもそれを目指す人も出てきている。私の周りにいる学生たちにもたしかに多くなっている。女子大生の好きなキーワードに「愛され」っていうのがあるのです。「やっぱり『愛され』になるのがいいよね」って。やっぱり可愛いらしいというのが、「愛され」の一つの条件で、それはある種のイノセント（無垢なこと）であったり、ある意味で無知であったりするということなのですね。ある場合にはこれ、すごくひねりが効いていて、本当はなんでも知っているのだけど、さらに「愛され系」として無知を装うという人もいる。「そんなことする必要ないじゃない。あなたは、ちゃんとわかっているんだから。それ出せばいいじゃない」というと、「いや、それじゃあゲットできないんです」という。コスプレのように、馬鹿を装っている女の子もいるのです。

井上　それは一つには、女性が企業においてキャリアウーマンとしてやってきたけれど、果たしてその実態はどうだったのかということですね。頑張っても、男と同じ会社人間になるだけだと、それで果たして幸せなのかという話ですね。

昔、キャリアウーマンを志向していた人たちが使った言葉に「負け犬」ってありますね。この言葉、最初は自分を隠すための諧謔《かいぎゃく》だったのです。専業主婦対キャリアウーマンの対立が生まれたとき、キャリアウーマンが専業主婦的な立場にいる女性たちに対して、「あなたたちはいいじゃないですか、幸せで。私たちはもうこんなに大変なのよ。私たちなんて結局、人生でいえば負け犬なの」ということで、反感をかわそうとした。本音ではなくて、一種の韜晦《とうかい》だった。ところが、時代が変わって、これが本音になってきた。

それを象徴するのが、東京大学文学部を出たエリートの女性が、電通という人も羨む大企業に入って、酷使された果てに過労自殺した最近の事件です。ですから、かつてはキャリアウーマンといって、いかにも華々しく見える時代があったけれど、結局は男と同じことなのであって、それが本当に幸せだったのか、という痛切な反省がありますね。それなら男に稼がせて、自分は自由に趣味を楽しみ、関心の対象を広げた方がいいのではないかという、半分、本音の部分を表す現象が「愛され」なのではないかという気がする。

「愛され」戦略

香山　二、三年前に、アメリカにもそういう人が出てきた。ごくごく一部だと思いますけど、例えばハーバードを出てむしろ専業主婦を選択し、専業主婦となっていろんな社会貢献をしたり、自分の趣味の世界に深入りをしたり……。

井上　スーパー主婦？　主婦をしながら、企業を立ち上げちゃう人？

香山　これまでとは違う、そんな生き方が一番いいのだ、それこそこれからの新しい生き方なのだというのが、話題になったことがありました。ごく局所的な現象だったとは思いますけど。でもいまの学生たちに見られるように、偽装してまで、「愛され系」を装ってまで、主婦の座を求めるというのとは少し違うかもしれない。つまりはっきりいって、男はまったく騙されているのです。いつの時代もそうだといえば、その通りでしょうけど、「お前は何も知らないから、俺がいなきゃだめなんだよな」と気持ちよく思い込まされる。よく『アエラ』などへの投稿に出てくる話題ですけど、いまでも男は「俺がいないとだめな女」というのにやはり弱い。そこで、いろいろと自分で稼ぐ術を身につけてしまうと、「お前は俺がいないと」にならなくなってしまう。

井上 私は逆。俺、髪結いの亭主になりたい（笑）。仕事のできる女性に稼いでもらって、自分は好きな料理とガーデニング、たまに売れそうもない本を書くとか。

香山 『アエラ』に寄稿する人の中にそういう人がいて、私にとってはどこか印象的なのです。例えば、こんな訴えです。私はすごく頑張って仕事をしてきた。それに比べて、彼氏はそれこそあまり仕事ができない。それでもいい、自分が稼げばいいのだから、と思ってやってきた。ところが、彼に女ができていた。それで、心に深い傷を負うわけなのですが、その理由というのは、こうなのです。自分と違う人を好きになったのは仕方ない。許せないのは、去って行くときに漏らした言葉だった。「今度の彼女はだめなやつで、俺がいないと生きていけないんだ。でも君は俺なんかいなくたって、やっていけるよね」といわれた。この言葉で、いままでキャリアを築いてきたこと、あなたとの関係を支えてきたこと、これらのすべてが間違っていたと否定された。これが、どうしても許せない。「もうどうにもこうにも、この女が好きになっちゃったんだ」といわれたら許せたけど、「君は俺がいなくてもいいだろ」といわれたことが、とにかく心に突き刺さってしまった、というのです。

これ、すごくよくわかる。ここから推理すると、およそ逆のケースで、フランスのマクロン新大統領、ちょとネオリベ的（新自由主義的）に見えるけど、その一方では高校生のときに出会った、教師でもあった、二四歳上のブリジット夫人との関係を貫いている。みんな、「あれ、いいよね」という女の人が多いのですが、どうなのでしょうね。

井上　普通はお金持ちの有閑マダムがジゴロみたいな若い燕を捕まえてということになるのだけれど、そうではなく、彼自身が有能で関係を支えていてね。それほど優秀なら、若くて綺麗な……。

香山　トロフィーワイフみたいな相手であってもいいわけですね。フランスでも、それを年下の男好きの女と揶揄している人もいると聞きましたけど。メラニア夫人とトランプ大統領はちょうど二四歳違うのですね。もちろんメラニア夫人が年下。それはいかにもトロフィーワイフという感じですね。何度も結婚して、結局一番若くて、モデルみたいに綺麗な人を選ぶ、これぞ人生の勝者という価値観がまだある。そちらは別に誰にも否定されず、お互いに「上手くやったわね」としか思えない。だけど、やっかみかもしれないけど、「本当に心が通い合っているのだろうか」と、つい思ってしまう。幸せなのだろうかって……。

メラニア夫人という人、東欧からの移民で、モデルとなってひたすら成功を目指して頑張ってきた。ああいう人は、何を考えているのだろうと思ってしまう。

井上 ポイントは遺産でしょうね（笑）。相当な額の遺産さえあれば、後は自由に生きていけるのだから。

香山 それって幸せとはいえないのじゃないかな。それこそ愛がない。

第六章

いまどきの家族

家族って何？

井上　アメリカ論に話を戻しますと、いますごく深刻な問題は、家族そのものの崩壊です。同性婚を認める動向も、逆にいえば、伝統的な形態の家族が崩壊しているから新しい家族の絆を作るために、同性婚を認めてもいいではないかという方向に舵をきっているともとれる。いま、アメリカではシングル・ペアレントがもう過半数に達している。だからアメリカのフェミニストの一部から、結婚を基礎にした従来の家族法の概念を再定義しようという主張が出てきている。それはこういうことです。家族を法で保護するというときに、その基本となる単位は二人の大人の関係です。異性の場合もあれば、同性の場合もあるけれど、基本的に二人の大人が性愛の関係で結ばれ、あくまでもそれが基盤になっていて、そこに子どもが加わる。この二人の大人の間の関係というのは、双方にある程度の自立性が確保されていさえしたら、法による特別な保護の必要はないということになる。昔のように女性が社会的経済的に自立できないのだとすれば、それは保護しなければならないけれど、そうでないなら特別な保護はいらない。普通の一般的な契約でいい、結社の自由でもいい、と。特別にそれを家族法で保護する必要はない、婚姻法による保護もいらない、自由な契約で決めていい、となる。

唯一、家族法が残る必要があるとしたら、次の点。親と子との関係、これをもっと一般化して、ケアされるものとケアするものとの関係と再定義した上で、ここには非対称的関係があるから、つまりケアするものが保護する責任と同時に権力を持ってしまうから、この関係はきちんと規制しなければいけない。その場合は、親が子をケアする場合だけではなくて、老親を介護する子ども、これは子どもがケアする側になるわけですけれど、あるいは親子以外のケア関係も含めて、これらのケースは規制しなければならない。

こうした観点から、婚姻法の解消と家族法の再定義が、いま主張されているのです。逆にそういうことをしないと、ふた親が揃っている家族がまともで、シングル・ペアレント――圧倒的にシングル・マザーだけれど――はどこか異様で、欠損したもの、不完全なものだという偏見が再生産されるだけだということになる。そういう意味で、家族法自体が今後どうなっていくのかというと、単に同性婚を認めるどころではなく、同性婚の認可でさえ中途半端で、もう二人の大人の間の性愛の関係、結婚関係は特別な法的保護と規制の対象から外せという動向が生まれつつあるのです。

その方向でいくと、結婚も、一方の当事者からの請求だけで解除できるわけです。昔はキリスト教の影響下にあったから、欧米では裁判上の離婚しか認めないということになっていた。日本はそういう桎《しっ》梏《こく》がなかったから、協議離婚を認めた分だけ進歩的だったわけだけれど、いまは逆に欧米の方が進んでしまった。相手方の同意すらいらない。フランスはパックス〔民事連帯契約。共同生活を営むカップルに、同性カップル、異性カップルを問わず、法的婚姻関係にあるカップルと同等の権利を認めるが、一方からの通告で解消できる制度〕を導入しました。同性婚承認の代替措置だったのが、いまやこの制度の利用者の九割以上が異性カップルで、その数も通常婚姻に匹敵する規模になりつつあります。

日本ではいま、どうなっているのか。地域によりますが、都内の学校によっては三分の一の子どもがシングル・ペアレントだという例がけっこうあるのです。未婚の母だけではなく、離婚した場合がかなり多い。今後、日本でも家族の形態が大きく変わっていくでしょう。さきほど、夫婦別姓を絶対に認めたくないという態度は、家族の実体が破壊されているからこそシンボルにこだわるということなのではないかと言いました。正確に言い直すと、壊れつつあるのは従来型の家族で、そのシンボルに固執する人々が一方にいる。しかし、もう一方には新しい家族のかたちを模索している人たちもいるということです。そのとき、「家族って何？」という問いが、「性愛で結ばれた二人の成人を基盤としない家族もあっていいではないか」という問いも含めて問われ、「家族」の再定義が行われてくると思うのです。

香山　二〇年ぐらい前からコレクティヴハウスやシェアハウスといった共同生活のかたちが増えてきて、私の周りの学生たちもけっこう、ルームシェアをしている。遠目に見ると、いい歳

の若い男女が一つの空間をシェアしていて、同棲しているのかなと思うと、それは「まったく違う」という。これ、不思議なのですけど……。

井上　最近、テレビドラマでもたくさん扱っている擬似家族ですね。前に言いましたが、私のアメリカ留学中、わが一家が借りていた二階の下の一階を女性二人と男性一人がルームシェアしていた。その男性はアレンというマサチューセッツ州の役所で環境

保護の仕事をしていた人です。同じ屋根の下にまだ三〇代前後の三人の男女が暮らしていて大丈夫かなと思いましたけれど、色恋は一切関係ない。擬似家族的共同生活をしていて、それぞれのガールフレンドやボーイフレンドを連れてくる。他方で、アレンから聞いたのですが、彼の両親は離婚して、それぞれ再婚して子をもち、どちらも別の家族を作った。元々の家族として残ったのは、彼と妹二人きりだというのです。アレンは優しい人で、私たち一家をドライブに誘って、州の環境保護地域になっている湿原に連れて行ってくれたのですが、そのとき運転しながらそんな話をしてくれた。彼の表情にいつもどこか寂しげな影があったのですが、そのわけが、そのときわかりました。

香山　日本でも急激に、それが広がっている。ある意味では、若い人が貧困化しているから、やむにやまれずということで、何人かが共同で借りている。組む相手も、男女ともに誰でもいいらしくて、関係みたいなことではまったくないというのです。その意味では、これからはそんな血縁ではない関係の作り方、暮らし方、擬似家族的なものが出てこざるをえない。

なんの象徴か

井上 その男女の関係、新しい家族のかたちという点でも、日本はアメリカ・モデルに追随しているということなのだろうか？　つまり、アメリカというテーマ、アメリカと日本との関係というこの対談のテーマと関連づけるとすると、話の流れでは、最初は安全保障でした。対米従属構造、それは基本的にアメリカに頼っていれば安心だというところに根を持っていることの確認から、そのアメリカにトランプのような大統領が登場したことの意味といった辺りの話にいき、そしていまは社会変革の問題につながってきたわけですね。男女の関係、家族のあり方、これらにおけるアメリカ・モデル、それと日本社会との関係ですね。アメリカはかつて結婚観・家族観では保守的だったのが、すごく大胆な社会改革を近年、次々とやっている。日本はそれに対して時間差をもって、後追いしていくのか、それとは違った日本的な変容のルートをたどるのかと問うとすれば、どっちなのですかね？

香山 アメリカ出自の変革の受容は、日本ではいま、それこそ日本会議系の人たちが、もう頑迷に拒絶しているのではないですか。アメリカ化イコール、それこそ昔でいう不良化のようなイメージって、まだすごくあります。日本はそうではないのだということを強調しようとしている。

井上　天皇の退位問題にかかわる議論で、皇室典範改正に日本会議を含めてガンとして反対したのは、天皇制の伝統がどうこうという問題ではなく、要は、女性宮家と、女性天皇をなにがなんでも認めたくないというところに発していたわけですね。

香山　そうです。あくまで、男系にこだわるということだった。

井上　彼らが本当に皇室を維持したいのならば、仮に女性天皇を認めないとして、男性天皇に限定したとしても男子皇族を供給していかなければならない。それが現時点〔二〇一七年〕だと女性皇族は、天皇・皇后を含む皇室一九人のうち一四人かな、そのうち婚約者を除く未婚者がたしか六人だけれど、男性皇族は五人で既婚者か子どもだけだから、皇族の中に結婚相手はいない。民間人と結婚することになるわけだけれど、そうすると自動的に皇籍離脱ですから、どんどん皇族が減ってくるではないですか。男性天皇の供給源すらなくなってくる。本当に皇室の存続を求めるのだったら、「右」の連中は危機感を持たなければならないはずです。それが皇室典範の改正にはなにがなんでも反対だという。彼らは、戦後に皇籍離脱した昔の男性皇族を復活させればいいというのだけれど、それこそもっと難しい。難しいだけではなくて、敗戦後に皇籍離脱した、うんと遠縁の人たちで、しかもその後七〇年が経過して、地位からくる振舞いも、文化的な蓄積も薄まっているわけだから、彼ら「右」の連中が期待している皇室のオーラは何もないはずです。

だから彼らが本当に求めているのは、天皇制の維持とか、そんなことではないのではないかと思う。私は天皇制廃止論者ですけれど、現憲法が象徴天皇制を定めている以上、憲法改正がされないかぎり、象徴天皇制の存在は認めます。しかし、それは基本的人権という憲法の基本的価値に適合するものでなくてはならない。だから現在の皇室典範による天皇・皇室に対する人権侵害は是正せよ、という立場です。「右」の人たちにも、天皇制の維持を求めるのだったら、女性差別という、こんな人権侵害はせめてなくせ、そのことが皇室のサステイナビリティ（持続可能性）を保証するためにも必要だから、「右」の立場にしたって、それをもう考えなければならないはずだといってるのですが、応えない。彼らの本音は、皇族や天皇制の存続には関心がないのではないかと思わざるをえない。本当に天皇制の存続を望む小林よしのりのような保守主義者は、この「右」の連中を「逆賊」と指弾してさえいる。彼らは自分たちが勝手に考えている家族のあり方、その一つのモデルとして皇室を考えていて、さっき香山さんがいわれたように、男は表に出て、女はそれについていくという家族のかたち、ただそれだけを守りたいということではないのか。

香山　右の人たちは今度のことでもまた、同じ皇室でも皇太子夫妻に対しては、非常に否定的ですね。雅子さんという人がキャリア志向に執着していて、ずっと健康面でも調子がよくないということに対して、きわめて否定的です。

なぜ、女性大統領が生まれない？

井上　アメリカについていうと、逆の意味で一つ疑問があるのです。政治経済その他、あらゆる面で女性進出が進んでいるのに、なぜ女性大統領が生まれないのか。ヒラリー・クリントンを女性があまり支持していないようで、二〇一二年大統領選でのオバマ支持女性票の男性票に対する優位率より、トランプを相手にした大統領選でのヒラリー支持の女性票優位率は低かった。しかも、若い世代の女性ほど、ヒラリー支持率が低い。「ガラスの天井」などと敗戦の弁で語ったが、女性差別を口実にするのはごまかしで、女性への吸引力は、ヒラリーには特段なかった。

香山　ヒラリーはどことなく、いわゆる名誉男性的な空気をまとっている。女性というよりも……。

井上　ヨーロッパにはアンゲラ・メルケル〔ドイツ首相在任二〇〇五年一一月―　。一九五四―　年〕もいる。それからいま、反動化しているといわれているけれど、世俗的共和制を長く維持してきたトルコだってタンス・チルレル〔首相在任一九九三年六月―九五年九月。一九九五年一一月―一二月。一九四六―　年〕という女性首相をすでに生んでいるのです。一九九〇年代半ばに世俗化された時代に。

なぜ、アメリカには黒人大統領の後に、女性大統領が生まれないのかな。

香山　韓国は朴槿恵《パククネ》がいましたし、フランス大統領選にもマリーヌ・ル・ペンが登場したわけですしね。

井上　イギリスもサッチャーの後、いまはテリーザ・メイ〔首相在任二〇一六年七月―　。一九五六―　年〕ですしね。

「ガラスの天井」はごまかしだといったけれど、大統領は男であってくれなきゃ困るといったような、「マッチョの呪い」があるのか（笑）。それはない？

香山　それはないのではないですか。今回の場合は、クリントンの個人的な問題が作用したように思いますが。クリントンには女性という社会的な弱者を代表するというイメージが、あるいはマイノリティや社会的被差別の立場に立たされている人の代表というイメージがあまりなかったのではないですか。クリントンでなければという空気が立ち上がってこなかった、彼女の名誉男性的な感じからは。

井上　これは仮説なのですが、一つには、ある意味でフェミニズムの企図がかなり実現されてしまったから、女性であるということに、特段の政治的な魅力を感じなくなっているということ。それよりは同じ女性の中でも、エリートの女性とワーキング・クラスの女性との間を分断する線の方が際立ってしまっている。これらを総合すると、特にシングル・マザーで子どもがあり、仕事を二つも三つもかけもちしなければやっていけない女性たち、彼女たちのような底辺で働く女性たちから見たら、ヒラリーなんかには絶対入れたくないわよ、みたいなね。

差別是正の落とし穴

井上　そうしたジェンダーの対立だとか、セクシュアリティ、性的指向性における少数者の問題とか、それに戦後のリベラルは重点を置くようになってきたのですけれど、かつてのニューディール・リベラルはそうではなかった。その眼目は失業した白人労働者階級を含む社会経済的な弱者の救済だったのです。その後、リベラルの関心は、文字通り被差別少数者である黒人や同性愛者だとか、数の上では少数者ではないけれど政治的に無力化されてきた女性たち、そういう被差別集団の権利擁護に向けられてきたのだけれど、社会経済的な階層格差の問題に対しては、関心を希薄化させてきたのです。

その一つの例がアファーマティブ・アクション（積極的差別是正措置）。これには左翼の中から批判の声が挙がったのです。私がハーバードにいたときは、ロースクールはクリティカル・リーガル・スタディーズ（批判的法学研究）という少し左派っぽい学派が台頭して、その親分の一人にロベルト・アンガー〔ハーバード・ロー・スクール教授。一九四七―年〕というブラジルの革命家の息子で、社会理論家・政治活動家でもあった人がいました。この人は左派だけれど、アファーマティブ・アクションには批判的でした。彼らにいわせれば、アファーマティブ・アクションのメリットを受けるのは、黒人や女性の中でもきわめて上の階層。例えばカリフォルニア大学のアファーマティブ・アクションの合憲性がバッキー・ケース〔一九七三年、七四年、二回にわたって同大ディヴィス医学校を受験したアラン・バッキーが不合格とされ、提訴した事件〕で争われましたが、そこのメディカル・スクールとか、そういうところに自分の子どもを受験させられるのは、女性や黒人の中でも親が教育投資のできる恵まれた層であって、逆にそのアファーマティブ・アクションの結果、それがなければその点数ですれすれ通ったけれど落とされることになった凡庸な白人男性の方が経済的にはもう少し下の層ということもある。

香山　白人男性への逆差別だとか……。

井上　白人男性への逆差別だけではなくて、被差別集団の中での階層差別の問題ですね。同じ被差別集団の中でもその上澄みの人たちはアファーマティブ・アクションでメリットを受けるけれど、下の方には何も関係ないわけですよ。彼らは別にエリート大学のメディカル・スクー

ルやロー・スクールは受けないから。

香山　アファーマティブ・アクションとは少し違うケースかもしれないけど、例えば今回〔二〇一六年一一月〕の東京大学の女子学生に限定して家賃を補助するという件でも、けっこう反対の人がいましたね。

井上　東大は女子学生の比率が漸増してきたんだけれど、ちょっと前から二〇パーセント前後で停滞しているので、大学本部はインセンティヴを与えたかったのでしょう。「東大卒女子のレッテルは珍獣扱いを招くだけで損だ」という思いが女子の間に広まっているのが原因じゃないかと私は思っているので、この措置の是非はともかく、その効果は疑問ですけれどね。

階層格差の問題に話を戻すと、アファーマティブ・アクションで利益を受けるのは被差別集

団の中の上層だけれど、逆に下層は、「お前たち、逆差別的な優遇をしてやっているのに、うだつが上がらないのはお前たちが無能だからだ」という烙印づけが強化されてしまう。要するにメリットを被差別集団の上の方に向けて、その負の帰結が下層の人たちに押しつけられる。ですから被差別集団として、人種だとか、ジェンダーだとかいっていたけれど、それを分断する階層化がものすごく意識されてきていると思う。

香山 その属性を持っていたからといって、その人たちの集団の代表ではないということは、もうみんな、わかってきているのではないですか、そこは。

井上 被差別集団内格差の問題が、本当に真剣に考えられているか、私は疑問ですね。その象徴的事例が、環境セクハラ問題。日本にはまだ制度はないのだけれど、アメリカではこれに対して、巨額の懲罰的損害賠償を課すことができる。

香山 そういうポスターが貼ってあります。

井上 普通の権力型セクハラであれば、個人の責任を追及すればいい、例えば上司に対して。ところが、現場労働の世界では裸のポスターが貼ってあるのを剝がさせたりとかはできても、「おう、ねえちゃんいい尻してるな」とか、その類のマッチョ的言辞が飛び交う。これは、使用者がどれだけ監視しても根絶するのは難しい。でも使用者に対して莫大な損害賠償請求が課せられる。そこで、アメリカの自動車会社は、もう現場ラインに女性労働者を置かなくなった。ところが、高校をドロップアウトしたとか、女性の中でもこうした層は事務職ではいいポストに就けず、現場労働つまりラインで働く方が時給は高いのです。三菱自動車のアメリカ工場は、呑気だったのか、現場ラインにも女性労働者を雇っていた。その結果、環境セクハラで九五〇万ドル（約一二億円）という、すごい額の懲罰的損害賠償を課せられた。そうすると、工場は維持が難しくなってしまう。そこで働いていた女性労働者たちが工場と自分たちの雇用を守ってくれというデモをうったのです。ところが三菱自動車の雇用者たちは馬鹿で、「では、そのデモの集会に行くときの交通費を払ってあげる」といってしまった。現地ではこれで、「やらせデモだー」ということになった。

香山　そうですね。日当が出たと受けとられる。

井上　そういうふうになってしまう。でも、女性労働者たちの要求は彼女たちの本当の声なのです。エリート層のホワイト・カラーや大学教授になるような女性たちはいいですよ。そうではなくて、学歴もあまりないし、しかもシングル・マザーで稼がなきゃやっていけない、そういう人たちは、やっぱり少しでも時給の高いところで働きたい。そんな階層が環境セクハラ問題で追い詰められることになる。結局、このことで儲かるのは誰かというと、懲罰的損害賠償訴訟で勝って巨額の報酬を受けとる弁護士です。当然、女性弁護士も含まれます。

香山 でも、切ない話ですね、それって。

井上 切ないですよ。だから女性ということで、もうひと括りに、一体化することはできない、と。誤解のないように付け加えると、女性労働者に環境セクハラに我慢しろと私はいっているわけじゃないですよ。それをなくす方法として、アメリカのように訴訟でやることの問題性を指摘しているのです。私としては、男性労働者の意識向上や教育の努力を誠実に実行する企業にポジティヴな支援をインセンティヴとして与える立法措置の方が望ましいと思っています。要は、目的の是非だけではなく、手段がもつ分配帰結を考えるべきだということです。

香山 それは、そうですね。

井上 女性であることを理由に、不当に一定の地位・資格から排除されるとか、その理不尽さはわかりやすいのですが、それはもうなくなった。だとしたら、目を向けるすれば、実質的な社会経済的な格差ですね。

香山 そういう捩れのようなことは、どんなところにも、日本にももちろんありますね。例えば、性風俗で働く女性たち。ちょうどいま、ＡＶ嬢の教養問題などが社会問題化していますけれども、彼女らには教養がない、知的に低いから騙されてアダルトビデオに出演する人が多いのだと、だからそれを取り締まれといった声が挙がってきたりすると、一方でその仕事で稼いでいる女性たちの側から、「私の仕事を奪わないで」という反対の声が挙がったりする。それはどこに行っても、どんなケースでもあることだと思うのですけど、当事者同士がどうしても対立する構図にはまってしまうことになって、漁夫の利ではありませんが、当事者ではない人に、そういう人たちだけに旨みがある。これは本当に一番嫌なもの、避けたい構造に違いないですね。

エピローグ　つかみかけた「普遍のしっぽ」

香山リカ

井上達夫氏は、二〇〇三年に刊行した著作『普遍の再生』（現在は二〇一四年刊行の岩波人文書セレクション版が流通）の最終章でこう問いかける。「なぜ、現代の知は普遍的なものを語ることにこんなに懐疑的になってしまったのか」。この問いは、ジョン・ロールズが『正義論』を出したあと、「哲学的リベラリズム」の看板を「政治的リベラリズム」にかけ替えたこと――井上氏の別の言葉を借りれば、「哲学的普遍主義から歴史的文脈主義へ」の転向とも言える――を受け、やや批判的なトーンで発せられたものだ。

井上氏がロールズに「思想的変貌」を感じ取ったのは一九七〇年代後半であり、ちょうど「ポストモダン的脱構築」や「ネオプラグマティズム」の花盛りと時を同じくしている。

そして個人的なことになるが、一九六〇年生まれの私は、その時期に高校から大学に進学した。本当は天文学や地質学を学びたかったのだが、希望していた大学の受験に失敗した私は、親のすすめで何も考えずに受験した私立医科大学に進むことになり、人生に絶望していた。「自分の願いはなにひとつかなわないんだ」と思った私は、あんなに好きだった自然科学への興味を失い、目の前の勉強から逃げるために『エピステーメー』〔朝日出版社刊〕や『遊』〔松岡正剛編、工作舎刊〕といったいわゆる思想系の雑誌を、なんの予備知識もないまま読み耽っていたのだ。

そういう意味で、私は「普遍」を経ずして相対主義に染まり、そのまま二〇代、三〇代、四〇代……といたずらに年を重ねていった。もちろん、精神科医としての臨床という現実を相対化することなどできるわけもないのだが、それでも時として治療者は患者との二者関係に呑み込まれぬよう自らを中立的立場に置くことも必要となり、読書で身につけた相対主義が生かされることもあったようにも思う。

そんな私に転機が訪れたのは、四〇代になって間もなくのことだ。

その頃、私は知人の誘いでデザイン系大学で教員をすることになり、病棟でたくさんの入院患者の治療を受け持つ生活から〝足を洗う〟ことになった。外来診療はそれまで通り続けることにしたが、一週間のうち半分は病院の当直室のベッドで寝たり、いったん帰宅してから急変者が出たと病院から呼び出しの電話がかかり、夜中に駆けつけたりする生活が突然、終わった。

そして冬眠から目覚めた動物のように新聞や週刊誌に目を通すようになったのだが、大げさではなく、「あっ」と声をあげてしまうようなことがしばしばあった。

例えば、私が一〇代のときには、日本にとっての「変わらぬ普遍」と思われていた日本国憲法を変えようという声が高まり、世論調査でもいわゆる改憲派が五割を越えるほどになっていた。また一九九〇年代終わりから教育現場において「日の丸」の掲揚と「君が代」の斉唱が強化されており、九九年には国旗国歌法が成立したが、卒業式などでの国歌演奏時に起立・斉唱しなかったということで多くの教師が懲戒処分を受け、その取消を求める行政訴訟が頻発していた。また、九六年には「新しい歴史教科書をつくる会」なる団体が作られ、「従来の自虐史観からの解放」を目指すとのことで、従軍慰安婦や強制連行、南京大虐殺事件を削除した歴史教科書を準備し、一定の支持を得ていた。

私はこういった世の中の変化にほとんど気づくことなく、二〇世紀が終わるまで、つまり私の三〇代が終わるまでの日々をすごしてきたのだ。

ポストモダンの洗礼を受けた相対主義者としては、「これまでリベラルな色彩が強すぎたのだ。その揺り戻しでしばらくのあいだは保守的な主張が強まるかもしれないが、またしばらくすればリベラルも復調するだろう」と〝高みの見物〟を決め込めばよいのだろうか。いや、それともここは、「この社会の右傾化、歴史修正主義の台頭は危険な兆候である」と発言すべきなのだろうか。私は、迷いながらも編集者からのすすめで、二〇〇二年に『ぷちナショナリズム症候群――若者たちのニッポン主義』（中公新書ラクレ）という薄い本を出した。いまから見直せば、この本はその年に行われた日韓共催のサッカー、ワールドカップを入口に、日本でも起こりつつあったナショナリズムのうねりを取り上げながらも、まだそれを「カジュアルなナショナリズム」などと呼んで当時、流行っていた女性マンガに解決点を見出だそうとするなど、相当に〝お気楽〟なポストモダニスト風のたわごとである。

しかし、この『ぷちナショナリズム症候群』を世に送ったことで、私はマスメディアの世界からは「左翼的な言論人」と目されることになる。繰り返すが、この本自体は「ナショナリズムかも、でも違うかも」という詰めの甘いエッセイなのだが、それすら「左翼による社会批判」と思われるほど、すでに日本社会の軸は右に寄っていたということだ。

その覚悟がないまま私は「左翼」と呼ばれ、勤務を始めた大学には、さらに「反日活動家」とか、「中国か韓国の工作員」などと書かれた匿名の手紙が届くようになった。「朝まで生テレビ！」などの討論番組では、「現行憲法でいったいどこが不都合なのか」と発言するだけで、「〝お花畑〟の平和主義者がそんなことをいっているうちに、中国が攻め込んできてもいいのか！」などと保守系ジャーナリストに激しく罵られた。

また、マスコミには〝ＩＴ長者〟や〝カリスマトレーダー〟と呼ばれる人たちが登場し、自分がいかに効率よく稼いだかとか、いまどれほど豪華な生活を送っているかを臆面もなく自慢している、ということも知った。さらに、私が若い時代には「男女平等」も大きな社会的テーマで、私が医師になった八六年にようやく男女雇用機会均等法が施行され、仕事の場での男女差別はなくなりつつあったはずであったのに、自らを「セクシー美人女医」と名乗るなど、女性性をことさらに強調するような人が人気を集めていることもこの頃、わかったことだった。

「私はこれまで何を見てきたのか」と途方に暮れているうちに二〇一〇年になり、私は五〇代を迎えた。そしてその次の年、二〇一一年に東日本大震災と福島第一原発事故が起きたのだ。それまで私は、「反日工作員は〝祖国〟に帰れ」などといわれる度にそれなりに傷つき、「憲法やナショナリズムに関する発言は控えたほうがよいのだろうか」などと思うこともあったのだが、原発事故から避難してきた人が私の勤務する東京の診療所の外来にまでやってくるのを見て、「これ以上、少しでも口をつぐむのはもう無理」と強く思った。

また、二〇一三年頃から全国の路上で、在日韓国人・中国人への罵詈雑言というより虐殺予告ともいえるフレーズを叫びながらデモ行進を行う、ヘイトスピーチ・デモが毎週のように行われるようになった。子どもの頃に学校で習った「差別はいけません。あらゆる人は平等です」という「普遍的真理」は、いつのまに、どこに消えたのだろうか。

この期に及んでようやく私は、自分が一〇代の頃からどっぷり漬かっていたポストモダン的相対主義は、「平和・平等・自由」や「社会的弱者、少数者の権利」を大切にする個人主義をベースにした普遍的人間主義とでも呼べる社会だったからこそ許されたものだった、ということに気づいたのだ。

ああ、なんと愚かなことか……。もう「時すでに遅し」なのだろうか。それとも、まだこの「普遍の再生」は可能なのだろうか。

こんな問いを抱えながら、ほとんど倒れそうになりながら彷徨《さまよ》う私が、まさにその名の著作を持つ井上達夫氏に会い、何か教えを乞いたい、と願うのは、ごく自然のことといってもよいだろう。

しかし、ここに及んでも運命はまだ、私に意地悪をしたいようだった。「回帰すべき普遍主義とは何か。そしてそれは可能か」と問いかけたい私の前に、大きな壁が立ちはだかった。

それが、第四五代アメリカ大統領、ドナルド・トランプ氏である。

トランプ氏についてはは本書の中でたっぷり語ることになるのだが、この世界の中心で愛を叫ぶ……ではなく、「アメリカ・ファースト！」となんのためらいもなく叫び続ける、実業家出身のあまりに特異なアメリカ大統領の出現について、法哲学者の井上氏に解説してもらわないわけにはいかないだろう。おそらく、ここで私が「現実に起きている問題はさておき、お訊きしたいのは〝普遍は可能か〟ということです」と言い続けたら、井上氏の著作の愛読者たちは「まずトランプ氏と、アメリカについて訊いてほしい！」とじれったさのあまり身もだえするだろう。

ということで、気づいたらほとんど一冊を費やして、「トランプ前のアメリカ、そしてトランプとアメリカ」についての井上氏のレクチャーをときにはうなずきながら、ときには目を丸くしながら聴くことになってしまった。

もちろん、そのリアルな世界をめぐる話の中からも、何度となく「あるべき普遍」の姿が立ち上がってこようとする。とはいえ、それを巧みにつかまえ、かたちにして語って見せられるほどのワザは私にはない。つかみかけた「普遍のしっぽ」はまた現実というカオスの中に消えていく。それを何度、繰り返しただろう。

「つまりそれは」、「でもその反対に」などと言葉を発しては、その後を続けることができず、またム、ム、ムと口ごもってしまう私に匙を投げることなく、井上達夫氏は大変教育的にアメリカの来し方行く末について、ご自身のアメリカでの経験も交え、お話してくださった。そのうちあいづちさえおぼつかなくなる私に、ぷねうま舎の中川和夫氏も巧みに言葉を足してくださった。そして出来上がったのが、本書である。

いまを知り、普遍を知る。読者のそんな知的好奇心に少しでも応える本になっていれば、〝デキの悪い質問者〟であった私も、これほどうれしいことはない。

＊　対談は三回にわたって行われた。

五月一二日　　於・本郷
六月二八日　　於・原宿
七月　六日　　於・一ツ橋

＊　なお本文中では、政治家などの公人と言論人については、敬称と敬語を使用せず論及していることをお断りする。

トランプ症候群　明日の世界は……

2017年11月24日　第1刷発行

著　者　井上達夫《いのうえたつお》　香山《かやま》リカ

発行者　中川和夫

発行所　株式会社 ぷねうま舎
〒162-0805　東京都新宿区矢来町122　第二矢来ビル3F
電話 03-5228-5842　　ファックス 03-5228-5843
http://www.pneumasha.com

印刷・製本　株式会社ディグ

ISBN 978-4-906791-75-0　　Printed in Japan

明るい哲学の練習
最後に支えてくれるものへ
中島義道・永井　均
入不二基義・香山リカ
香山リカと哲学者たち
四六判・二四六頁
本体二〇〇〇円

時間と死
——不在と無のあいだで——
中島義道
四六判・二一〇頁
本体二三〇〇円

哲学の賑やかな呟き
永井　均
B6変型判・三八〇頁
本体二四〇〇円

破局のプリズム
——再生のヴィジョンのために——
西谷　修
四六判・二六〇頁
本体二五〇〇円

アフター・フクシマ・クロニクル
西谷　修
四六判・二三二頁
本体二〇〇〇円

3・11以後 この絶望の国で
——死者の語りの地平から——
山形孝夫・西谷　修
四六判・二六二頁
本体二五〇〇円

3・11以後とキリスト教
荒井　献・本田哲郎・高橋哲哉
四六判・二二四頁
本体一八〇〇円

回想の1960年代
上村忠男
四六判・二六〇頁
本体二六〇〇円

グロテスクな民主主義／文学の力
——ユゴー、サルトル、トクヴィル——
西永良成
四六判・二四二頁
本体二六〇〇円

——ぷねうま舎——
表示の本体価格に消費税が加算されます
2017年11月現在